江河万古流

谢义炳院士纪念文集（二）

北京大学物理学院大气与海洋科学系　主编

北京大学出版社
PEKING UNIVERSITY PRESS

图书在版编目（CIP）数据

江河万古流：谢义炳院士纪念文集．二 / 北京大学物理学院大气与海洋科学系主编．— 北京：北京大学出版社，2023.2
ISBN 978-7-301-33743-1

Ⅰ.①江… Ⅱ.①北… Ⅲ.①谢义炳—纪念文集 Ⅳ.①K826.14-53

中国国家版本馆CIP数据核字（2023）第025095号

书　　名	江河万古流：谢义炳院士纪念文集（二） JIANGHE WANGULIU：XIE YIBING YUANSHI JINIAN WENJI（ER）
著作责任者	北京大学物理学院大气与海洋科学系　主编
责任编辑	赵晴雪
标准书号	ISBN 978-7-301-33743-1
出版发行	北京大学出版社
地　　址	北京市海淀区成府路205号 100871
网　　址	http://www.pup.cn　　新浪微博：@北京大学出版社
电子信箱	zpup@pup.cn
电　　话	邮购部 010-62752015 发行部 010-62750672 编辑部 010-62752021
印 刷 者	北京中科印刷有限公司
经 销 者	新华书店
	720毫米×1020毫米　16开本　10.75印张　180千字
	2023年2月第1版　2023年2月第1次印刷
定　　价	89.00元

前 言

2019年年初，开始筹备北京大学大气科学学科90周年庆典时，我们系统地梳理了学科的发展历史，得出两条结论：对北大大气科学学科建设和发展贡献最大的两位先生是谢义炳和李宪之，对北大大气科学学科人才培养理念的确立贡献最大的两位先生是谢义炳和赵九章。这两条结论充分表明了谢义炳先生对北大大气学科发展所做出的卓越贡献。

与其他现代科学学科一样，大气科学在我国的生根发芽并不容易。北大的大气学科1929年成立之初时，教师只有黄夏千先生一人，在黄先生离职后，只能聘请刘衍淮和涂长望先生兼课。直到1934年，李宪之先生自德国留学归来，学科的教学才得以维持稳定。得益于李宪之先生的坚持和守望，大气学科才走过了初创时期的脆弱阶段，尤其是西南联大时期的艰难岁月。

大气学科的发展和壮大完全有赖于谢义炳先生的领导。1952年全国教育系统院系调整，谢义炳先生带领清华大学气象系全体师生来到北京大学，大气学科自此进入了一个蓬勃发展的新阶段。上个世纪50年代和60年代早期，教师队伍迅速扩大，招生规模也是创纪录的，仅1956级就招生150名。谢义炳先生等还编写了《天气学基础》等教材，带领教师为主要课程编写了相应的讲义，并组织教师翻译了苏联的气象学教材，这些教材也被兄弟高校广泛使用。谢先生还带领教师们，在艰苦的条件下，建立了完备的教学和科研体系。同时也积极参与国家重大科研活动和协作课题，如北方暴雨研究和数值预报模式的研发自50年代就开始参与，并成为领导成员和主要骨干。除了传统的气象学，谢先生也开始布局大气物理、大气环境、甚至物理海洋等研究方向。尤其是在1978年谢义炳先生担任地球物理系系主任之后，大气学科在教学和科研方面均达到了时代巅峰。1978年，大气学科教师们共荣获13项全国科学大会奖，上世纪八九十年代，共获得15项国家级奖项。

把气象学奠基在数学和物理基础之上，是谢义炳和赵九章先生共同倡导并身体力行的人才培养理念。我国最早的两位现代气象学家是蒋丙然和竺可桢先生。蒋丙然先生于1912年获比利时农业气象博士学位后回国，竺可桢先生于1918年获哈佛大学气象学博士学位后回国。那时，挪威学派的锋面气旋模型还没有提出来，更不用说罗斯贝的波动理论。因此，两位先生的教学理念更多地聚焦于传统地理学中的气象学和物候学层面。赵九章先生1938年获柏林大学气象学博士学位后，归国到西南联大任教。那时，罗斯贝的波动理论已基本成型，传统描述性的天气学正向天气动力学转型，赵九章先生的博士论文研究的就是平流层大气动力学，他敏锐地捕捉到气象学的最新发展方向。因此，在他任教西南联大之后，就明确提出了气象学教学应以数学、物理和流体力学为基础，并讲授当时最前沿的锋面气旋理论以及大气波动内容。

谢义炳先生是芝加哥学派培养的学生，对数理基础和大气动力学重要性的体会也更为深刻。因此，在1952年清华气象系转入北大的时候，谢先生坚持气象学科与物理系在一起，而不是与地理系或地质系在一起，他的坚持也得到了著名物理学家叶企孙先生的大力支持，因此，气象学科成为北大物理系的一个专业，叶企孙先生亲自讲授大气声、光、电等课程。在1958年地球物理系成立之后，气象专业扩展为大气物理和天气动力两个专业，但数学和物理诸多系统扎实的课程仍是学生的必修课。以数理和大气动力学作为基础，气象学才真正成为一门现代科学，为后来数值天气预报模式和气候模式的发展奠定了基础。现在，以数理为基础的气象学或大气科学的教学和人才培养理念也已成为我国大气科学领域的共识。基础理论知识的扎实与否决定了学生对科学问题理解的深度，也在很大程度上促进了学生们未来的发展高度。1929年以来，在北大大气学科约2500名本科毕业生中，有18位成为两院院士，包括两位国家最高奖获得者叶笃正和曾庆存先生，他们不仅工作在大气科学领域，还在环境科学、信息科学和天文学领域建树颇丰。这说明赵九章和谢义炳先生所倡导的人才培养理念是非常成功的。

谢义炳先生毕生从事中国天气系统与暴雨研究。我国是多暴雨和洪涝灾害的国家，暴雨和洪涝造成的损失占气象灾害损失的大部分。因此，自上世纪50年代开始，谢义炳先生就集中研究中国天气系统特征与华北暴雨的成因和机理，指出大尺度背景环流和我国独特的锋面系统是华北暴雨形成的关键因素，这些早期研究为理解和预报华北暴雨打下了坚实的基础。台风造成的暴雨降水是我国夏季主要的灾害性天气。谢义炳和陈受钧先生等深入分析了台风生成与热带气流之间的关系，于 1963 年首次揭示了热带气流存在季节内准周期振荡，周期约为 1—2 个月，并指出了在热带气流距平位于西风位相时，台风更易生成。他们发现的热带气流季节内准周期振荡直到 1972 年才被美国学者发现，也就是现在所说的 Madden-Julian Oscillation (MJO)。

1975 年 8 月初，河南发生了特大暴雨（75 · 8 特大暴雨），3 天降水量达 1641 毫米，接近世界降水纪录，造成洪水灾害。猛烈的洪水造成了数以万计的人员伤亡和巨大的经济损失，这是经历过那场暴雨和洪涝灾害的人们永远抹不去的痛楚记忆（我那年 10 岁，亲身经历了 75 · 8 特大暴雨，见证了什么是“倾盆大雨、一片汪洋和流离失所”）。谢义炳先生服务于国家需求，带领北京大学、中科院大气物理研究所和中国气象局联合团队集体攻关，从天气—动力学的角度揭示了 1975 年 8 月 7 日夜间导致最强暴雨发生的动力和热力背景条件。在此基础上，他提出了湿空气动力学是导致季风区大面积暴雨天气系统发生的一个重要机制，并从理论上创新性地提出了湿斜压大气中潜热释放对天气系统的重要影响，指出大暴雨和强潜热释放发生在不稳定最大波长由 4000 千米缩短至 1000 千米左右的时段。

谢义炳先生出生和成长于旧中国战乱和动荡的时期。他目睹了政府的愚昧和腐败、国家的贫穷和落后、强敌的入侵和残暴，这些激发了他立志科学报国的理想。后来，谢先生经历了颠簸流离的求学生涯，从家乡湖南到南京、扬州、清华大学（北京）、西南联大（昆明）、浙江大学（遵义）和芝加哥大学。1950 年，为建设新中国，谢先生毅然回国，以极大的热情投入到祖国气象事业工作中。虽然在后来历次“运动”中受到冲击和不公正待遇，但谢先生不计个人荣辱，赤子之情和报国之心矢志未改，始终秉持建设我国现代大气科学事业和培养人才的家国情怀。回顾他们那一代人波澜壮阔的人生和伟大的爱国情操，我们在面临人生抉择时，还有什么值得患得患失的呢？今天，当我国的大气科学事业已得到空前发展，北大大气学科正向世界一流迈进之际，我们尤其怀念为我国大气科学事业和学科发展做出了卓越贡献的谢义炳先生，谨以此文集作为纪念。

北京大学物理学院大气与海洋科学系
系主任：胡永云
2019 年 7 月 31 日

目录

「長相思」

黄河流，長江流，
華々古神州。
情悠々，思悠々，
炎黄子孫志未酬，
中华自有雄魂在，
江河万古流。

第一部分

诗稿

——诗言志

诗，是思想情感的精粹表现。谢义炳先生文稿中常见“思想情感”一词，表明谢先生十分关注并提炼时代的主要“思想情感”，因而把谢先生的诗稿作为遗作续编的第一部分。

谢先生原创的诗作并不很多，抄录的诗作更多一些，包括来自中国历史文学的诗作，也有来自报刊的当代诗作，更有少数来自影视片中的歌词。难得的是，谢先生与学生之间唱和的诗作也都收集在此。与诗作相关的讲话和报刊上的遗稿一并附于后，以使读者更好理解创作时的背景。

本部分收录的所有诗作，均为“文革”以后谢先生所作或抄录，有的被多次反复引用，足见这些诗作集中反映了浩劫结束之后，谢先生对历史、文化，包括气象事业在内的中国前途的深刻思考和远见。特别是在晚年，七十岁以后，不仅是谢先生所达到的“随心所欲不逾矩”的境界（对世事的明达），更珍贵的是，他的忧思、对青年的期盼和鼓励，以及对自身的反思等，更是感人至深、催人泪下。

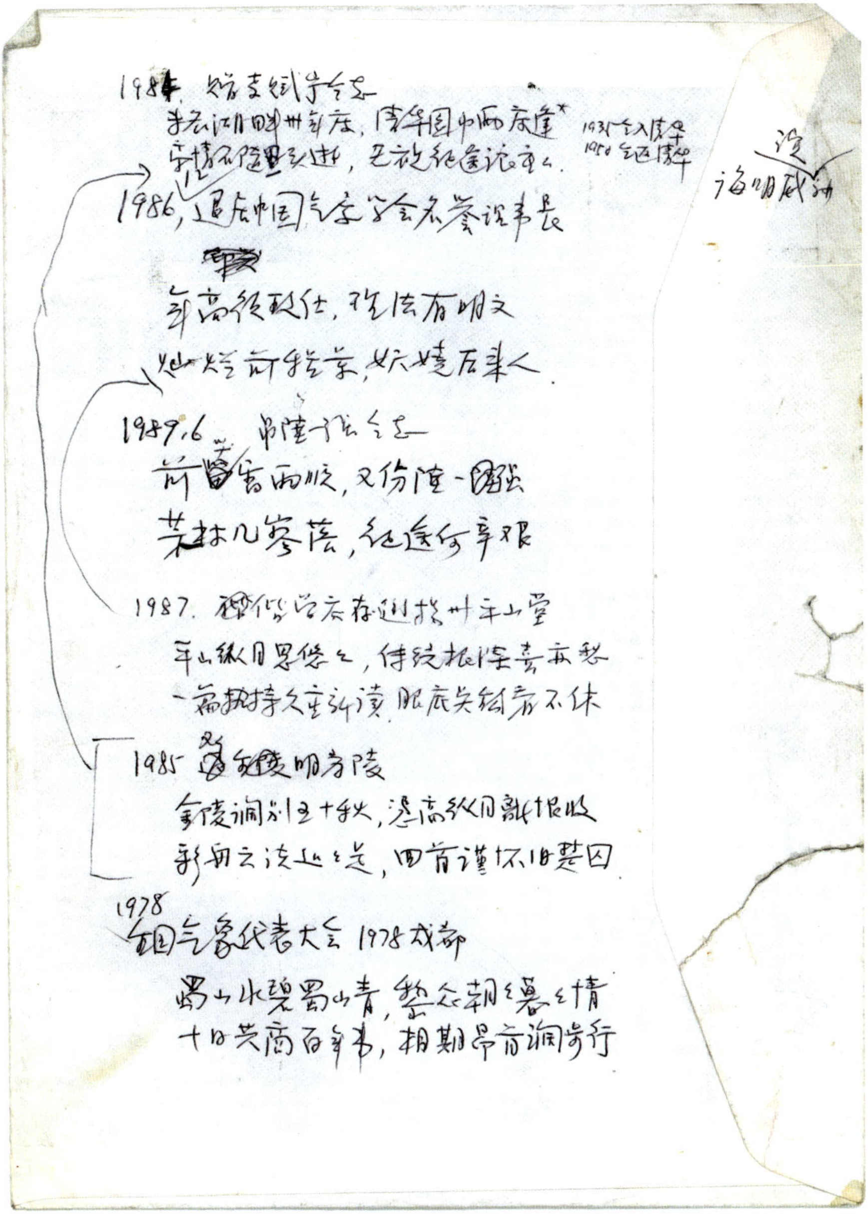

谢义炳先生自己整理的诗作手稿（从 1978 年至 1989 年，计 6 首）

一、《江河万古流》

二、《旗红染自心与血》

三、《坚贞开朗好党员》

四、《传统根深喜亦忧》

五、《征途何辛艰》

六、《漫漫人生路》

七、《群星耀秋旻》

八、《故园重聚报春知》

九、《相期昂首阔步行》

这里将每首诗编为一节，为突出每首诗的核心内容，都摘取其中的一句诗词作为题目。

每节内容包括：诗歌创作的时间、时代背景、缘由、注释和简略的评述等，并尽量附上诗稿手迹、相关事件和人物的文字材料与照片等，以便读者了解诗作的全面背景，体会谢先生的情感。

一、《江河万古流》

——调寄“长相思”，1992

黄河流，长江流，
莽莽古神州。
情悠悠，思悠悠，
炎黄子孙志未酬。
中华自有雄魂在，
江河万古流。

这首来源于录像片[1]的诗词最真切地反映了谢义炳先生的意愿，是谢先生全部诗作的核心思想感情。故将此词作为诗稿的第一首摘录于此。与原歌词略有不同，如“莽莽古神州”，即为谢先生所改。诗文正式刊登在1992年《地球科学进展》杂志，第7卷，第4期，题为《卸任抒怀》，距谢先生去世仅三年。

谢义炳先生曾反复宣讲，当代的基调是“壮志未酬”，并在1987年5月5日举办的“庆祝谢义炳教授从事气象工作50年学术报告会”上的讲话以这首诗作为结尾。他说：“有一首歌，是把白居易的《长相思》词改编，是反映我们中华民族当代的基本情调的。”

[1] 原词为1984年为国庆35周年献礼专题片《九州方圆》的主题歌。

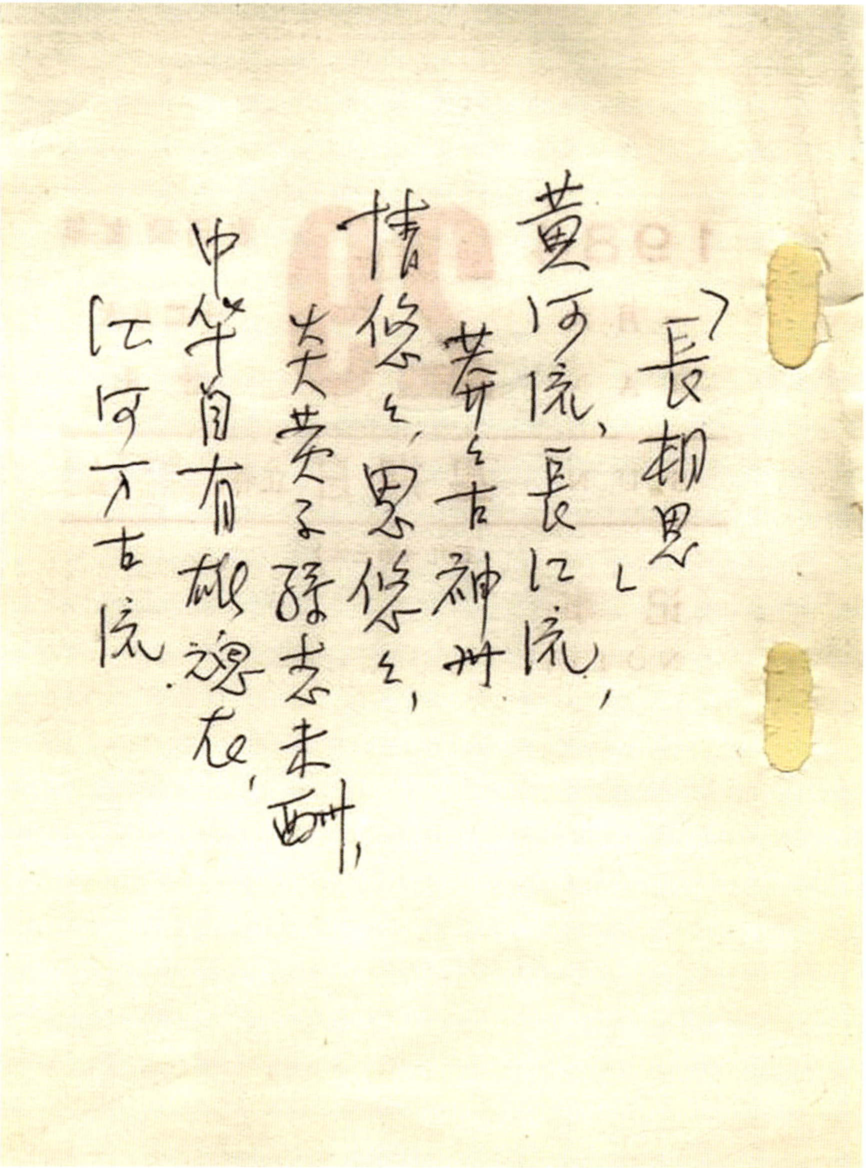
「長相思」
黃河流、長江流，
莽莽古神州。
情悠悠，思悠悠，
炎黃子孫志未酬，
中华自有雄魂在，
江河万古流。

谢先生抄录在书桌台历上的手迹

歌曲《江河万古流》由苏叔阳作词，王立平谱曲，杨洪基演唱，歌词为：

长江流，黄河流，
滔滔岁月无尽头。
天下兴亡多少事，
莽莽我神州。

情悠悠，思悠悠，
炎黄子孙志未酬。
中华自有雄魂在，
江河万古流。

此曲后来收录到1991年人民音乐出版社出版的《中华大家唱（卡拉OK）曲库》第二集，397–398页。

谢义炳先生深谙古典诗词格律，1987年他在陕西省气象学会所做的“气象事业的国际合作与竞争”的报告中曾提到，“有一首歌是白居易的《长相思》改的”（见《江河万古流；谢义炳院士纪念文集》第一篇，第16页），以及1992年《卸任抒怀》文中提到的“录像片中的词”便是指的这首歌词。按白居易的《长相思 · 汴水流》的原词为：

汴水流，泗水流，
流到瓜州古渡头。
吴山点点愁。

思悠悠，恨悠悠，
恨到归时方始休。
月明人倚楼。

从诗词格律的角度看，确如谢先生所言，《江河万古流》歌词正是在《长相思》词谱的基础上，上下阕各增加一个七言句而成，因此这首歌词的格律或可称作“长调长相思”或“加句长相思”。

“江河万古流”一句出自杜甫名诗“王杨卢骆当时体，轻薄为文哂未休。尔曹身与名俱灭，不废江河万古流”，用它作为诗词或歌曲的标题当首推《九州方圆》的主题曲。

二、《旗红染自心与血》

——和邓根云《送克东西行》诗，*1979*

燕园暂住负气时，壮志回天歌别离。
诗情画意轻劳累，帽子棒锤妄留羁。
旗红染自心与血，道靖辩由是或非。
千年封建付逝水，笑取德谟克拉西。

邓根云系北京大学物理系气象专业 1952 级学生，北京市农林科学院、北京市气象局研究员。在《江河万古流：谢义炳院士纪念文集》中，邓根云作文回忆了谢先生不但在学业上对其多有勉勖，而且纡尊与自己的学生平等地谈诗论文，相互酬唱的情景，追忆起来犹铭感至深。

1979 年夏，一次谢先生约邓根云到家中，商谈推荐邓去美国内布拉斯加大学农业气候中心合作研究，征求其意见。其时邓根云因家庭变故，长期出国有困难，只好请先生另荐他人。谈话间谢先生问及邓根云有无近作。适此前邓根云的同学肖克东来访。肖克东也是北大物理系气象专业 1952 级学生，1956 年毕业分配到新疆八一农学院任教；1958 年遭迫害，下放军垦农场劳动，至 1979 年才获得平反，恢复教职。肖克东到京访友，返疆前邓根云曾赋七律一首为其饯行。邓根云遂将此诗抄给谢先生。数日后谢先生致函邓根云，借用原词“献身曾许心与血”改为“旗红染自心与血”。

谢义炳在“庆祝谢义炳教授从事气象工作 50 年学术报告会”讲话中有一段话，“1842 年到 1949 年，共 107 年，以几千万人牺牲为代价，克服了三次封建复辟的历史性大挫折，才以历史性的进步而得到补偿。祖国广大的土地上，哪一块没有浸染烈士的鲜血，青山处处映忠魂！红旗确切是烈士的鲜血染红的。”

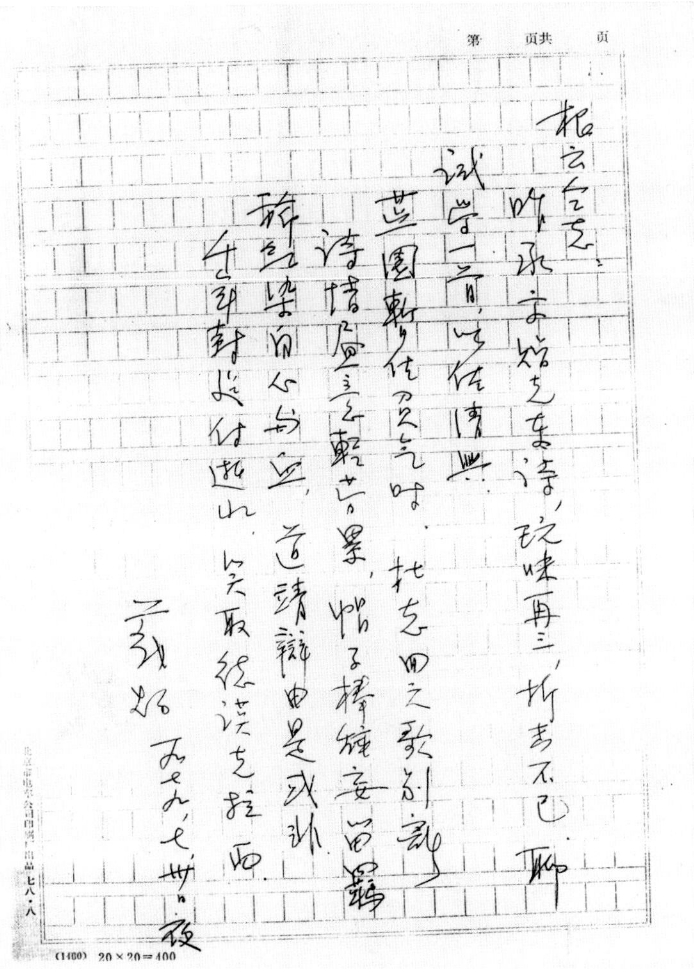
第 页共 页

柏云兄：
昨承寄赠克东诗，玩味再三，折服不已。聊
试学一首，以结情兴：
[illegible]
诗情[illegible]书生累，帽子[illegible]
献身[illegible]心与血，[illegible]
[illegible]付逝水，笑取德谟克拉西。
[illegible]

(1400) 20×20=400

手稿

《送克东西行》（邓根云）

己未仲夏，克东来访。阔别二十三载，历尽坎坷。今将返疆，吟成一首，以壮行色。

最是少年负气时，相逢何必又别离。
诗情满腹书生累，帽子成堆猛士羁。
献身曾许心与血，回首焉论是耶非。
莫道韶华空逝水，迎来德谟克拉西。

1978年9月25日，北大为在“文革”中受迫害致死的李其琛补开追悼会。李其琛与邓根云中学时同读于广东梅州中学，1952年又同考进北大物理系，邓分配到气象专业本科，李分配到专科，李早两年于1954年毕业留校任教，所以两人又有了师生之谊。李其琛在教学和科研上都卓有建树，是难得的科坛才俊，不幸在十年浩劫中罹难，是气象学界的一大损失。邓根云拟一首悼诗《其琛十年祭》携至八宝山灵堂挂在花圈上，以倾诉对亡友的无尽哀思。并应要求，抄录奉于谢先生。

《其琛十年祭》（邓根云）

李其琛死于“十年动乱”时期之所谓“桥牌俱乐部”冤狱，茹恨十载，今始昭雪。

浮想联翩，夜不成寐，吟成是阕，以献灵前。

记得当年小儿李[1]，梅岗[2]燕园两相违。
读书最能抓实质，科研更善入精微。
冤沉十载桥牌狱，恨雪今朝大治期。
伤君风采无觅处，一曲吟成泪沾衣。

数天后谢先生回复邓根云长信，就邓的诗作进行推敲琢磨，坦诚指出其不足处在“伤感过分”“向前看少”，并荐引革命先贤诗作相励，情词恳切，诲人不倦，感人至深。谢先生回信摘录如下：

根云同志：

追悼会上心情极不平静。今接手书，玩味再三，颇恨相知之晚也。仆不文，然素仰风雅，不以拙朴自嫌。耑意大作末句如改作：

泪眼涟涟几低徊

或不伤原意。

[1] 小儿李是同辈间对李其琛的昵称。
[2] 梅岗指作者与李其琛共读的梅州中学校址梅县北门岗。

全曲伤感过份，往后看多，向前看少，或是不足处。叶帅诗（65年）：

……

唱罢凯歌来霸上，集中全力破石头。

一篇持久重新读，眼底吴钩看不休。

77年8月重新发表，颇有深意。

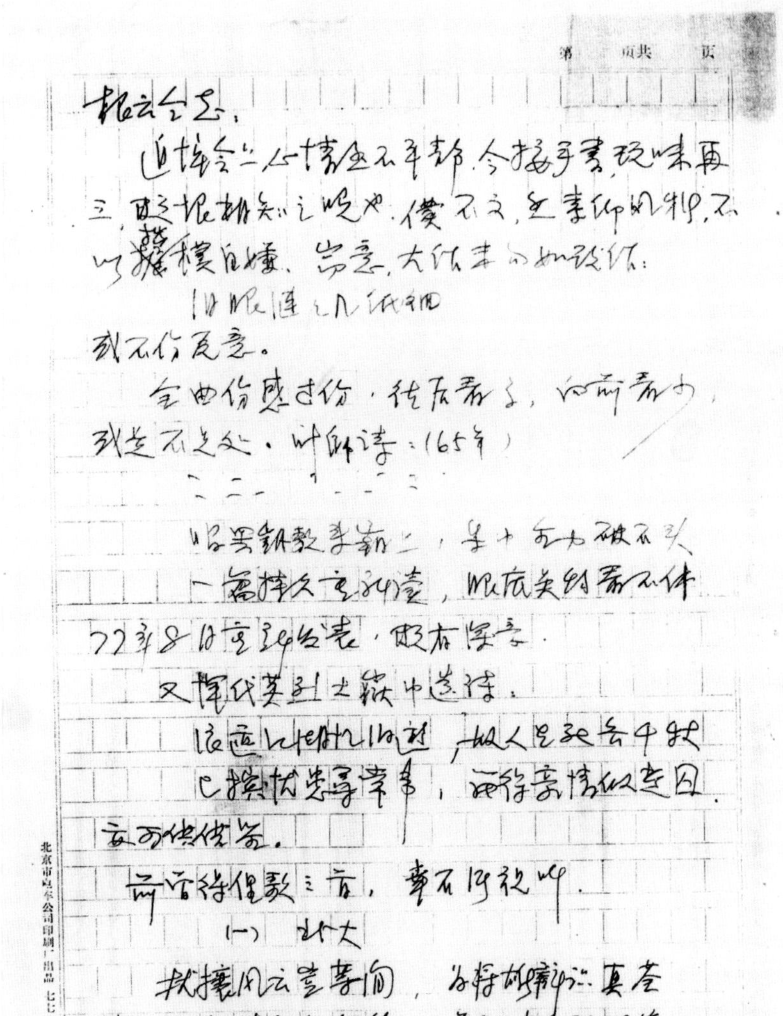
第　页共　页

全曲伤感过份，往后看多，向前看少，或是不足处。叶帅诗（65年）

唱罢凯歌来霸上，集中全力破石头

一篇持久重新读，眼底吴钩看不休

77年8月重新发表，颇有深意

（一）北大

北京市……公司印刷厂出品 七七·

(1231) 20×20=400

谢义炳的回信手稿

又恽代英烈士狱中遗诗：

浪迹江湖忆旧游，故人生死各千秋。

已摈忧患寻常事，留得豪情做楚囚。

亦可供借鉴。

谢义炳在回信中还附上有关北大和教研室工作的诗三首与邓根云切磋。

（一）《北大》

扰攘风云岂等闲，为将雄辩识真荃。

明松清泉依然绿，景物未名放眼宽。

（二）《三教》

三教好景巍然在，系政[1]征人此际行。

莫道历年多辛苦，青山处处映忠魂。

“文革”后期举办短训班时的三教合影

[1] “系政”：系行政之意。

诗的题目《三教》是地球物理系第三专业教研室的简称，全称为天气学和动力气象学教研室。大气物理学教研室为二教。按专业隶属，谢义炳为三教成员之一，与三教成员朝夕相处，工作之余，一起打球，一起郊游，感情深厚。

20 世纪 80 年代初谢义炳和三教成员在圆明园春游

（三）《低纬、暴雨组》

绘图理数老行当，卫星水汽入新章。
已往艰困凭回忆，独辟征途漫短长。

义炳　1978 年 9 月 27 日

读罢谢先生的来信，邓根云感触良多。谢先生不但在学业上是良师，为文赋诗上也成了忘年的诗友。在历次“运动”中先生也曾多受冲击，但不减其豪情壮志，为诗格调昂扬，令人感佩，堪为自己的楷模。因即援笔复诗一首，以表谢忱：

义炳老师：

拙作承谢师教正，并赐诗数阕，拜读有感。

更有豪情胜旧时，系政科研两肩之。

何期今夕同酬唱，却识诗翁亦吾师。

学生根云 十一 晨

与仇永炎、谢安、张庆红讨论天气

邓根云题词祝贺谢义炳 75 岁生日（1992 年）

贺词：岩上青松，园中桃李；图藏雨露，眼底风云

三、《坚贞开朗好党员》

——雷雨顺同志赞，*1983*

扰攘风云二十年，逐浪随波了无缘。
淳朴敦厚真君子，坚贞开朗好党员。
幽燕兴沐新天地，淮海今解旧困难。[1]
何期积劳罹重病，国际高歌路远长。

雷雨顺同志

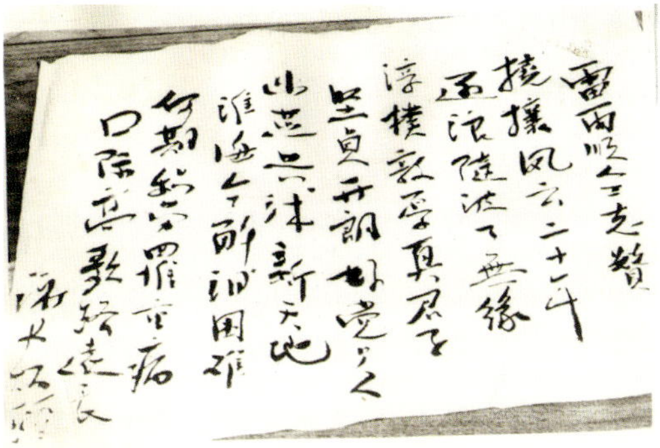
雷雨顺同志赞
扰攘风云二十年
逐浪随波了无缘
淳朴敦厚真君子
坚贞开朗好党员
幽燕兴沐新天地
淮海今解旧困难
何期积劳罹重病
国际高歌路远长

题字（1983年）

[1] “幽燕”和“淮海”，指雷雨顺在华北和江淮地区从事冰雹和暴雨预报研究取得的重要成果。

雷雨顺遗著《能量天气学》

雷雨顺，1935年出生，陕西省铜川市人，谢义炳的研究生。1965年毕业参加工作，中共党员，原中央气象局气象科学研究院天气气候研究所天气研究室副主任、副研究员。曾主持将能量天气学理论应用于暴雨、冰雹等强对流天气的研究，形成一套较有成效的天气分析预测方法。该项研究1982年获国家科委、国家农委颁发的成果推广奖。1983年1月21日，中央气象局党组决定，号召全国气象系统广大职工向雷雨顺同志学习。同年2月16日，雷雨顺同志因积劳成疾在北京病逝。中央气象局机关党委授予雷雨顺“优秀共产党员”称号。中央气象局党组做出决定，号召全国气象系统的全体干部和职工向雷雨顺学习。决定说：“雷雨顺把全部身心献给了党，献给了祖国和人民，是气象战线活着的蒋筑英、罗健夫——中国式保尔。”

《能量天气学》是雷雨顺同志的遗作，由吴正华同志整理成书，于1983年在气象出版社出版。谢义炳将能量天气学形容为湿斜压大气的天气学和动力学的催化剂。此事发生在湘潭会议（1977年）期间。经典的天气动力学只考虑温度和风（物质和物质的运动），不考虑水汽，故可称为干斜压大气天气动力学。但是，在全球大气环流的能量循环中，水汽相变所伴随的潜热吸收和释放起举足轻重的作用。将干空气的天气动力学提升为湿空气的天气动力学，是谢义炳对气象科学做出的开创性基础贡献，他因此而获得帕尔曼奖。

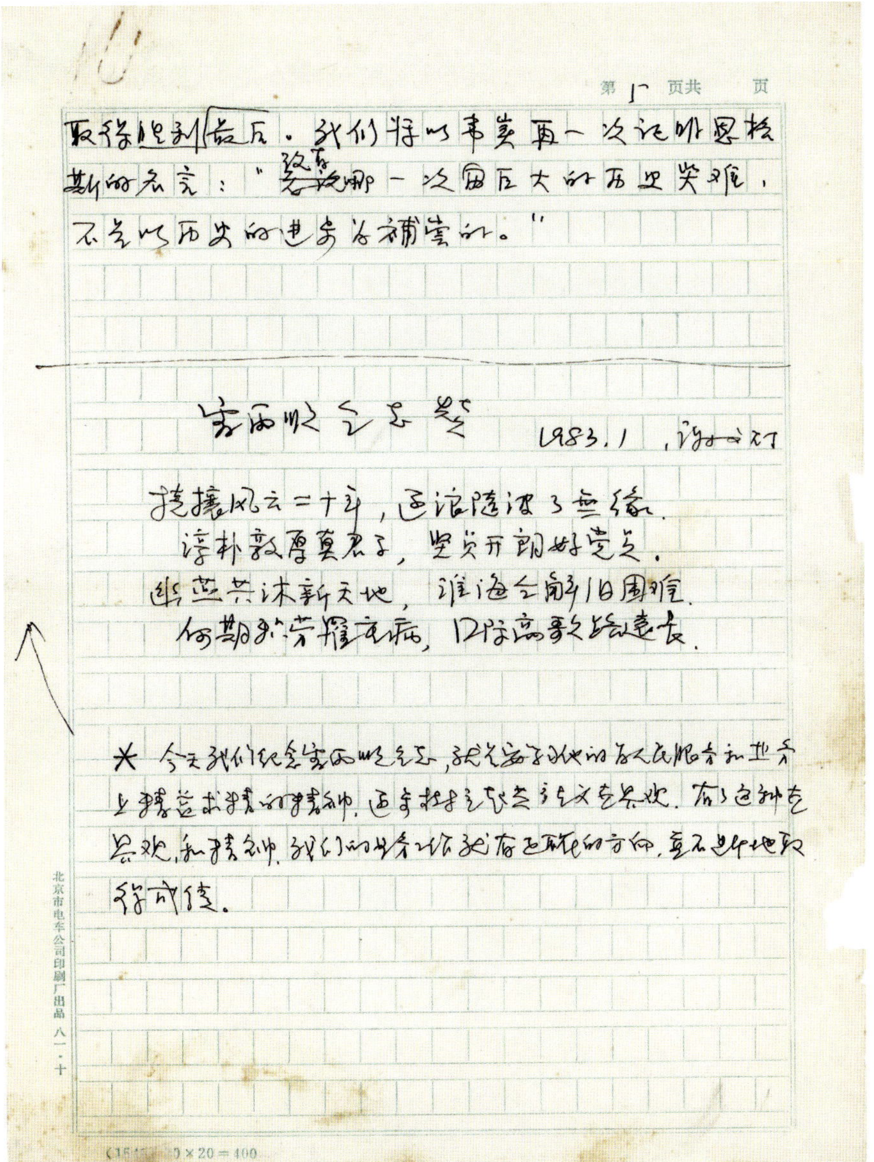

第 页共 页

取得胜利前后。我们将以事实再一次证明恩格斯的名言："没有哪一次巨大的历史灾难，不是以历史的进步为补偿的。"

※ 今天我们纪念雷雨顺同志，就是要学习他的为人民服务和业务上精益求精的精神，逐步树立起共产主义世界观。有了这种世界观和精神，我们的业务工作就有正确的方向，并不断地取得成绩。

北京市电车公司印刷厂出品 八一·十

(15×20)×20＝400

手稿

手稿抄录——

今天我们纪念雷雨顺同志，就是要学习他的为人民服务和业务上精益求精的精神，逐步树立起共产主义世界观。有了这种世界观和精神，我们的业务工作就有正确的方向，并不断地取得成绩。

四、《传统根深喜亦忧》

——和曾庆存（含《炎黄子孙几代情》《金陵阔别五十秋》，共三首）

其一：

《传统根深喜亦忧》

——偕曾庆存游扬州平山堂 1987 年

（二十日读庆存诗，谨借用叶帅诗，勉附数语）

平山纵目思悠悠，传统根深喜亦忧。
一篇持久重新读，眼底吴钩看不休。

注：叶帅（叶剑英元帅）1965 年原诗[1]摘录——

……

唱罢凯歌来灞上，集中全力破石头。
一篇持久重新读，眼底吴钩看不休。

其二：

《炎黄子孙几代情》

——答曾庆存从日内瓦“第二次世界气候大会”归国途中寄来诗 1990 年

漫道书生狂气大，炎黄子孙几代情。
愿提龙泉三尺剑，叱咤风云万里行。

注：曾庆存原诗——

陋巷雌风压语低，阔人高调与天齐，

[1] 叶帅诗写于“文革”前夕。1978 年刊登，谢义炳抄录时指出，此诗有深意。

科坛似是容争辩，政际分明尚画皮。
异国魂消难入梦，故园戈枕待鸣鸡，
同心归去埋头干，会有扬眉吐气时。

其三：

《金陵阔别五十秋》

——1985年祭明孝陵

金陵阔别五十秋，凭高纵目离恨收；
彩舟云淡处处是，回首谨怀旧楚囚。

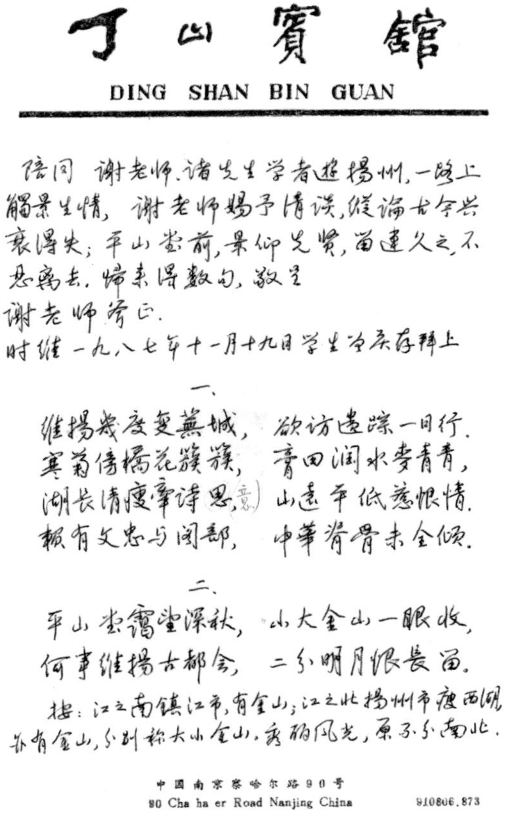

丁山賓館
DING SHAN BIN GUAN

陪同谢老师、诸先生学者游扬州，一路上触景生情，谢老师赐予清谈，纵论古今兴衰得失；平山堂前，景仰先贤，留连久之，不忍离去。归来得数句，敬呈
谢老师斧正。
时维一九八七年十一月十九日学生曾庆存拜上

一、

维扬几度梦芜城，欲访遗踪一日行。
寒菊傍桥花簇簇，斋田润水麦青青，
湖长清瘦牵诗思，（意）山远平低惹恨情。
赖有文忠与阁部，中华脊骨未全倾。

二、

平山堂霭望深秋，小大金山一眼收，
何事维扬古都会，二分明月恨长留。

按：江之南镇江市，有金山；江之北扬州市瘦西湖亦有金山，分别称大小金山。秀丽风光，原不分南北。

中國南京察哈尔路90号
90 Cha ha er Road Nanjing China 910806.873

曾庆存保存的与谢义炳来往信件

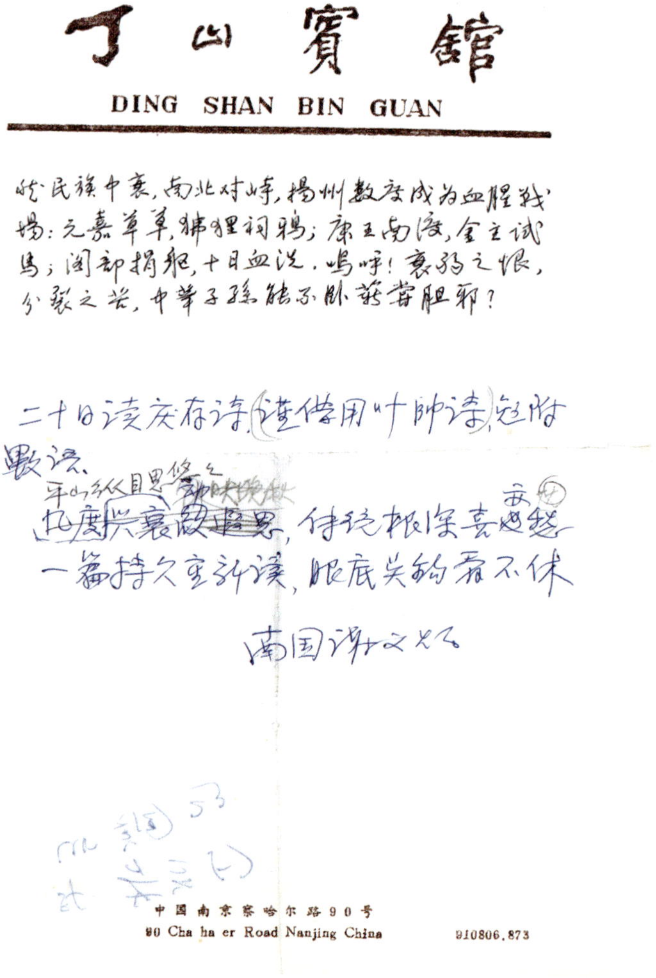

丁山賓館

DING SHAN BIN GUAN

於民族中衰，南北对峙，揚州數度成为血腥戰場：元嘉草草，狒狸祠鴉；康王南渡，金主试马；閣部捐躯，十日血洗。呜呼！衰弱之恨，分裂之苦，中華子孫能不卧薪嘗胆耶？

二十日读庆存诗（谨借用叶帅诗）题附戲语。

平山纵目思悠悠

九度兴衰啟遐思，付托根深喜安悠

一篇持久重新读，眼底吴钩看不休

南国谢文之记

中国南京察哈尔路90号

90 Cha ha er Road Nanjing China 910806.873

注：曾庆存保存的与谢义炳来往信件抄录——

陪同谢老师、诸先生学者游扬州，一路上触景生情，谢老师赐予清谈，纵论古今兴衰得失；平山堂前，景仰先贤，留（流）连久之，不忍离去，归来得数句，敬呈。

谢老师斧正。

时为一九八七年十一月十九日学生曾庆存拜上

一

维扬几度变芜城，
欲访遗踪一日行，
寒菊傍桥花簇簇，
膏田润水麦青青，
湖长清瘦牵诗意，
山远平低惹恨情，
赖有文忠与阁部，
中华脊骨未全倾。

二

平山堂霭望深秋，小大金山一眼收，
何事维扬古都会，二分明月恨长留。

按：江之南镇江市，有金山，江之北扬州市瘦西湖，亦有金山，分别称大小金山，秀丽风光，原不分南北。然民族中衰，南北对峙，扬州数度成为血腥战场：元嘉草草，狒狸祠鸦；康王南渡，金主试马；阁部捐躯，十月血洗。呜呼！衰弱之恨，分裂之苦，中华子孙能不卧薪尝胆耶？

二十日读庆存诗（仅借用叶帅诗），勉附数语

平山纵目思悠悠，
传统根深喜亦愁，
一篇持久重新读，
眼底吴钩看不休。

南国 谢义炳

曾庆存在庆祝谢义炳从事气象工作五十年学术报告会上

曾庆存呈谢义炳的相关诗作四首。

《谒成都武侯祠》（曾庆存）

审势宽严乃圣贤，出师遗表代流传。
最难到处还应是，心秤衡人不稍偏。

《登望江公园崇丽楼凭吊薛校书遗迹》（曾庆存）

锦江一曲绕崇楼，为慰诗人设景优。
井冷坟清修竹茂，怜才遭遇古今筹。

《燕子矶江滩凭吊惨遭侵华日军杀害五万同胞纪念碑》（曾庆存）

知耻急应雪耻先，何当炼石补青天。
吊临纵有亿行泪，难慰冤魂哭九泉。

《游杭州冷泉，登翠微亭》（曾庆存）

韩岳丹心志未酬，翠微亭扼冷泉头。
南风不解英雄恨，劲送湖脂入上游。

按：冷泉水流入西湖，翠微亭为韩世忠悼念战友岳飞所建。余来时游者甚众，皆衣着锦艳，愉乐甚欢，而于韩、岳历史不知也。

五、《征途何辛艰》

——悼陆一强，1989

前哭雷雨顺，又伤陆一强。
芳林几寥落，征途何辛艰。

1989 年 6 月 21 日，惊闻陆一强噩耗时谢先生当即写下此诗，并委托谢安为代表赴沈阳参加追悼会。

陆一强，浙江人，1954 年考入北大，1957 年因被错划“右派”，保留学籍下放劳动；1963 年复学，1965 年随 1959 级毕业；逝世于辽宁省气象局局长任上。陆一强是谢义炳牵头组织的“北方暴雨研究协作组”的主要成员之一。

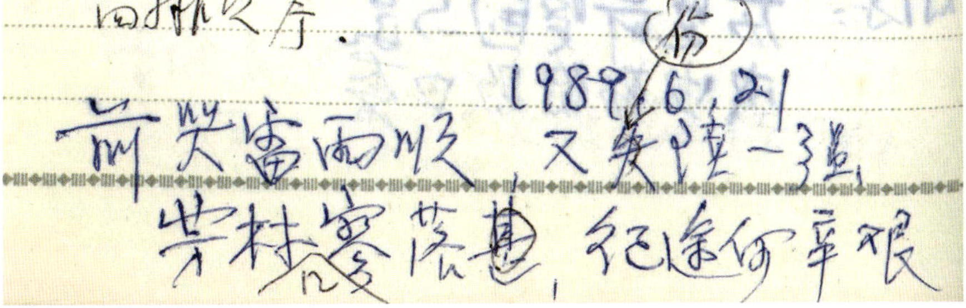

诗作手稿

六、《漫漫人生路》
——录电视剧《渴望》主题歌

悠悠岁月，欲说当年好困惑
悲伤离合都曾有过
亦真亦幻难取舍
这样执着，究竟为什么
漫漫人生路，上下求索
心中渴望真诚的生活
谁能告诉我，是对还是错
问询南来北往客
恩怨忘着，留下真诚从头说
相伴人间万家灯火
故事不多，有如平常一段歌
过去未来共斟酌

《渴望》是1990年出品的一部家喻户晓的电视连续剧，其主题歌歌词感情非常深厚，反映了对“文革”前后的反思、对新的未来的渴望和迷茫，深深地引起谢先生的共鸣，故此谢先生非常工整地抄录了这段歌词。

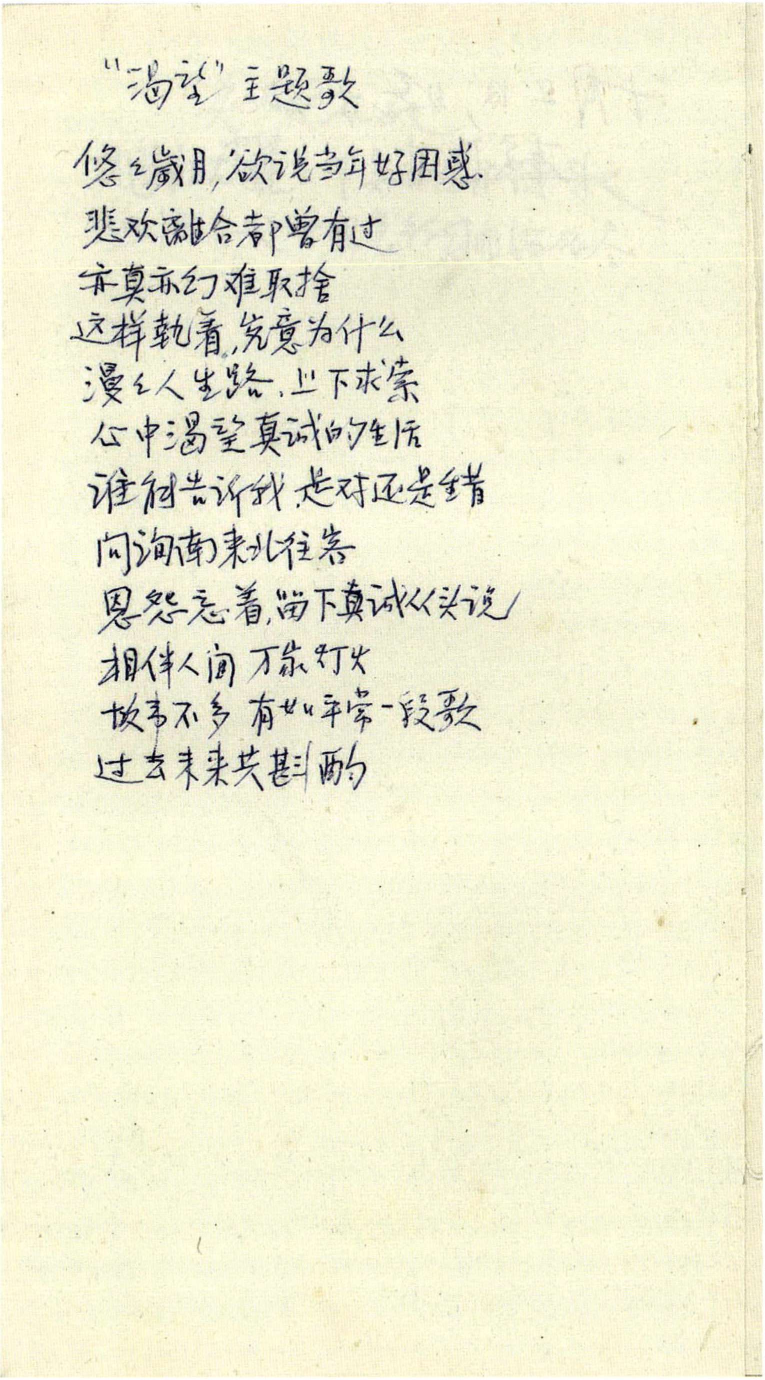
"渴望"主题歌

悠悠岁月，欲说当年好困惑
悲欢离合都曾有过
亦真亦幻难取舍
这样执着，究竟为什么
漫漫人生路，上下求索
心中渴望真诚的生活
谁能告诉我，是对还是错
问询南来北往客
恩怨忘着，留下真诚从头说
相伴人间万家灯火
故事不多 有如平常一段歌
过去未来共斟酌

谢义炳抄录手稿

七、《群星耀秋旻》

——日记中填“满江红”，1981

封魂殖影，
曾几时，稍减猖獗；
忆往昔，五四风云，
中华荡激；
六十是非尘与土，万里攻战汗和血；
新长征，再展艳红旗，
从头越。

世纪耻，犹未雪；
人民愿，何时实；
随前辈踏破重重禁壁；
壮志攀登科技顶，豪情解开困难结；
待明日，群星耀秋旻，
慰先烈。

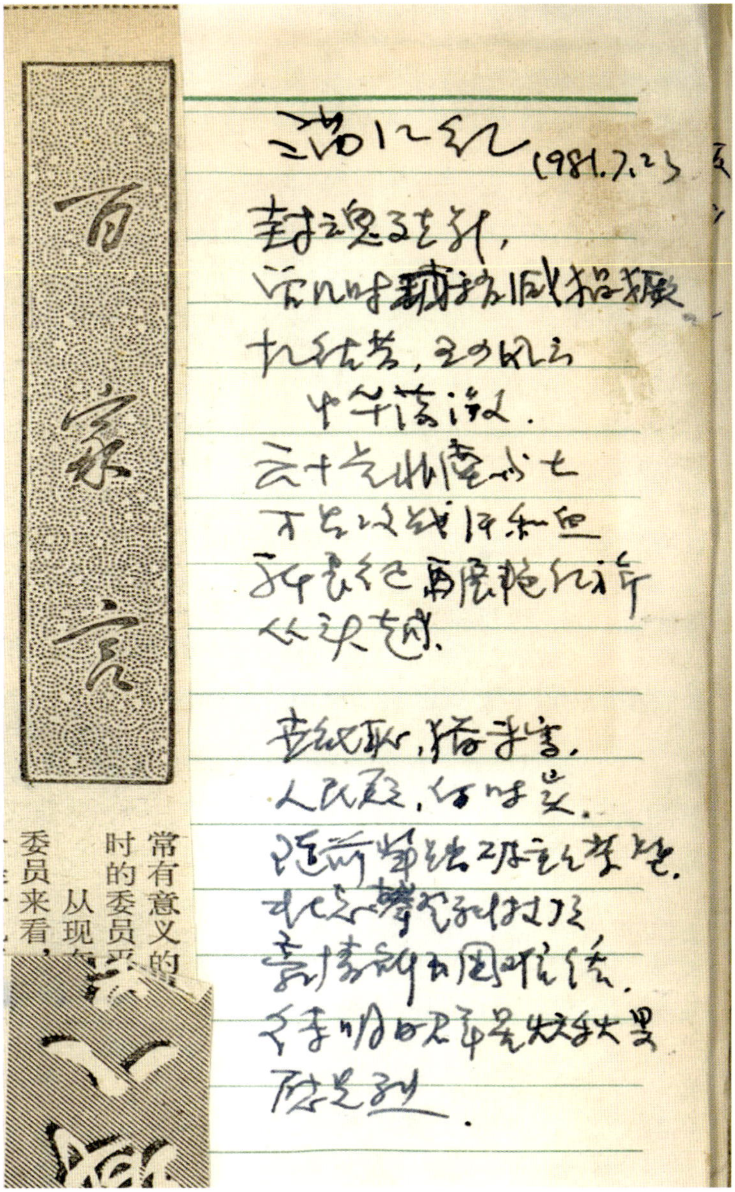

日记中的抄录手迹

八、《故园重聚报春知》

——1979 年访美偶作

卅年过去断遐思，
芝加哥伊利诺斯，
又见百花香色艳，
故园重聚报春知。

1979 年 9 月，谢义炳随中国气象代表团回访美国期间，在芝加哥大学同学聚会时赋诗一首。此行是 1950 年回国后 30 年来第一次重访美国，故有“卅年”之说。“报春知”指此次访美的意义乃向国外同行宣告科学的春天已经回到中国。

谢义炳与 20 世纪 40 年代末美国芝加哥大学气象系的部分老同学相聚
右起：D. Fultz、谢义炳、G. Platzman、叶笃正、郭晓岚、J. Kaplan

九、《相期昂首阔步行》

——余五首作于1978年至1987年间

之一:《十日共商百年事》

全国气象代表大会，1978年，成都

蜀山水碧蜀山青，黎众朝朝暮暮情。

十日共商百年事，相期昂首阔步行。

1978年在成都召开的全国气象代表大会，是十年动乱结束后恢复的第一次学术活动。谢义炳有感而发，遂赋此诗。

之二:《天安门前数英豪》

1981年，欢迎新同学

四载辛勤今朝始，三好青年不自骄；

他日名列功臣榜，天安门前数英豪。

此诗刊登于《北大校刊》1981年9月26日迎新讲话《不似春光，胜似春光　欢迎你——新同学》一文中。

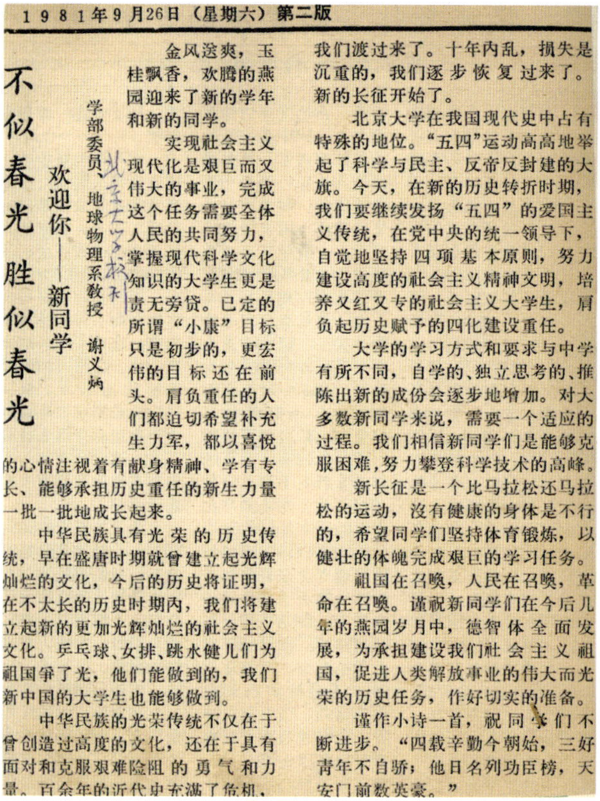

1981年9月26日（星期六）第二版

不似春光　胜似春光

欢迎你——新同学

学部委员、地球物理系教授　谢义炳

北京大学校刊

金风送爽，玉桂飘香，欢腾的燕园迎来了新的学年和新的同学。

实现社会主义现代化是艰巨而又伟大的事业，完成这个任务需要全体人民的共同努力，掌握现代科学文化知识的大学生更是责无旁贷。已定的所谓“小康”目标只是初步的，更宏伟的目标还在前头。肩负重任的人们都迫切希望补充生力军，都以喜悦的心情注视着有献身精神、学有专长、能够承担历史重任的新生力量一批一批地成长起来。

中华民族具有光荣的历史传统，早在盛唐时期就曾建立起光辉灿烂的文化，今后的历史将证明，在不太长的历史时期內，我们将建立起新的更加光辉灿烂的社会主义文化。乒乓球、女排、跳水健儿们为祖国争了光，他们能做到的，我们新中国的大学生也能够做到。

中华民族的光荣传统不仅在于曾创造过高度的文化，还在于具有面对和克服艰难险阻的勇气和力量。百余年的近代史充满了危机，我们渡过来了。十年内乱，损失是沉重的，我们逐步恢复过来了。新的长征开始了。

北京大学在我国现代史中占有特殊的地位。“五四”运动高高地举起了科学与民主、反帝反封建的大旗。今天，在新的历史转折时期，我们要继续发扬“五四”的爱国主义传统，在党中央的统一领导下，自觉地坚持四项基本原则，努力建设高度的社会主义精神文明，培养又红又专的社会主义大学生，肩负起历史赋予的四化建设重任。

大学的学习方式和要求与中学有所不同，自学的、独立思考的、推陈出新的成份会逐步地增加。对大多数新同学来说，需要一个适应的过程。我们相信新同学们是能够克服困难，努力攀登科学技术的高峰。

新长征是一个比马拉松还马拉松的运动，沒有健康的身体是不行的，希望同学们坚持体育锻炼，以健壮的体魄完成艰巨的学习任务。

祖国在召唤，人民在召唤，革命在召唤。谨祝新同学们在今后几年的燕园岁月中，德智体全面发展，为承担建设我们社会主义祖国，促进人类解放事业的伟大而光荣的历史任务，作好切实的准备。

谨作小诗一首，祝同学们不断进步。“四载辛勤今朝始，三好青年不自骄；他日名列功臣榜，天安门前数英豪。”

谢义炳笔记本中的剪贴

之三：《无视征途浪重重》

偶遇赠李赋宁同学（1985 年 7 月）

未名湖畔卅年过，
清华园中两度逢。
豪情不随黑头逝，
无视征途浪重重。

李赋宁时任北京大学西语系主任，是谢义炳在清华求学时的同学，后又同在北大任教，“文革”结束后均为北大校务委员会成员。

之四:《年高须卸任》

1986年，写于退居中国气象学会名誉理事长

年高须卸任，理法有明文；
灿烂前程景，妖娆后来人。

之五:《对联·莫枉想》

选自为清华校友会撰写的《初感二三事》，1987年

莫枉想：出污泥而不染；
且慰藉：法乎上者得乎中。

「長相思」

黃河流、長江流，
莽莽古神州，
情悠悠，思悠悠，
炎黃子孫志未酬，
中華自有雄魂在，
江河萬古流。

第二部分

文稿

1958　天气学提纲

此份手稿现有 4 页影印版；估计写于 1958 年“大跃进”时期（参阅谢义炳 1959 年出版的《天气学基础》）。

手稿中对天气学的研究历史，包括外国的和中国的部分，做了高度精辟的总结；对天气学的内涵和外延也做了精辟的概括，追根溯源，对今天仍很有参考价值。

《天气学（提纲）》

天气学（首页旁注）[1] 主观；挂一漏万，~ 不全面

天气预告——广大人民的要求

I 短期预告

1. 单点预告

目测　云、风、光学现象、生物现象、星辰（天文现象）

　　位置与大气无关

　　闪动与大气有关

仪器　气压表

2. 地面天气图预报

1863　法国 1854 克里米亚战争

1906　中国（可能指中国第一张天气图，徐家汇天文台）

1918　挪威学派，奠定了分析方法（指地面天气图的综合分析方法，如气

[1] 括号中的小字号文字是本书编者补充的，问号表示识别不清或编者对内容不确定。本书余下同。

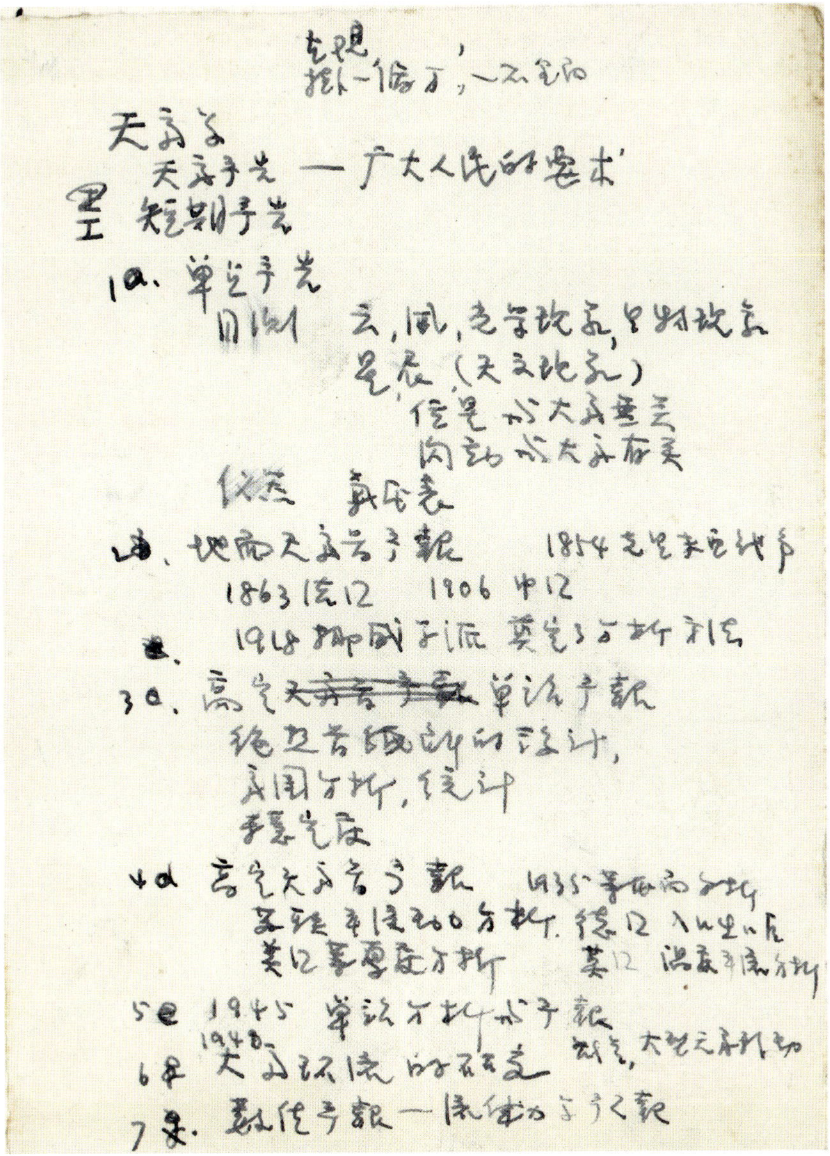

手稿（一）

团、锋线等）

3．高空单站预报

绝热图解的设计

美国分析、统计

稳定度

4. 高空天气图预报

1935　等压面分析

苏联平流动力分析，德国（高空急流的）入口（和）出口区

美国等厚度分析

英国温度平流分析

5. 1945　单站分析与预报

6. 1948　大气环流的研究

能量，大型天气扰动

7. 数值预报——流体力学预报

8. 数值预报——统计预报

Ⅱ 中长期预报

Walker，统计，大气环流　1904 雨季，总雨量（的预报）

Multanovsky 天气方法　　1912 高低气压路径，寒潮

Baur 统计，天气图，统计　1930

Namias 动力，天气图　　1942

中国

单点预报 自己的，气压表引导的

地面天气图　竺先生（竺可桢）、李先生（李宪之）（另一人名未识别出）

高空单站　赵先生（赵九章）

高空天气图 ——解放后新人 叶（叶笃正？）、顾（顾震潮？）、陶（陶诗言）、章淹

数值预报　廖洞贤、谢义炳、陈受钧

半数值预报（？）

中长期预报　涂（涂长望）（Wallace 方法）

陶诗言（Multanovsky）

杨鉴初　相似法

单站补充预报

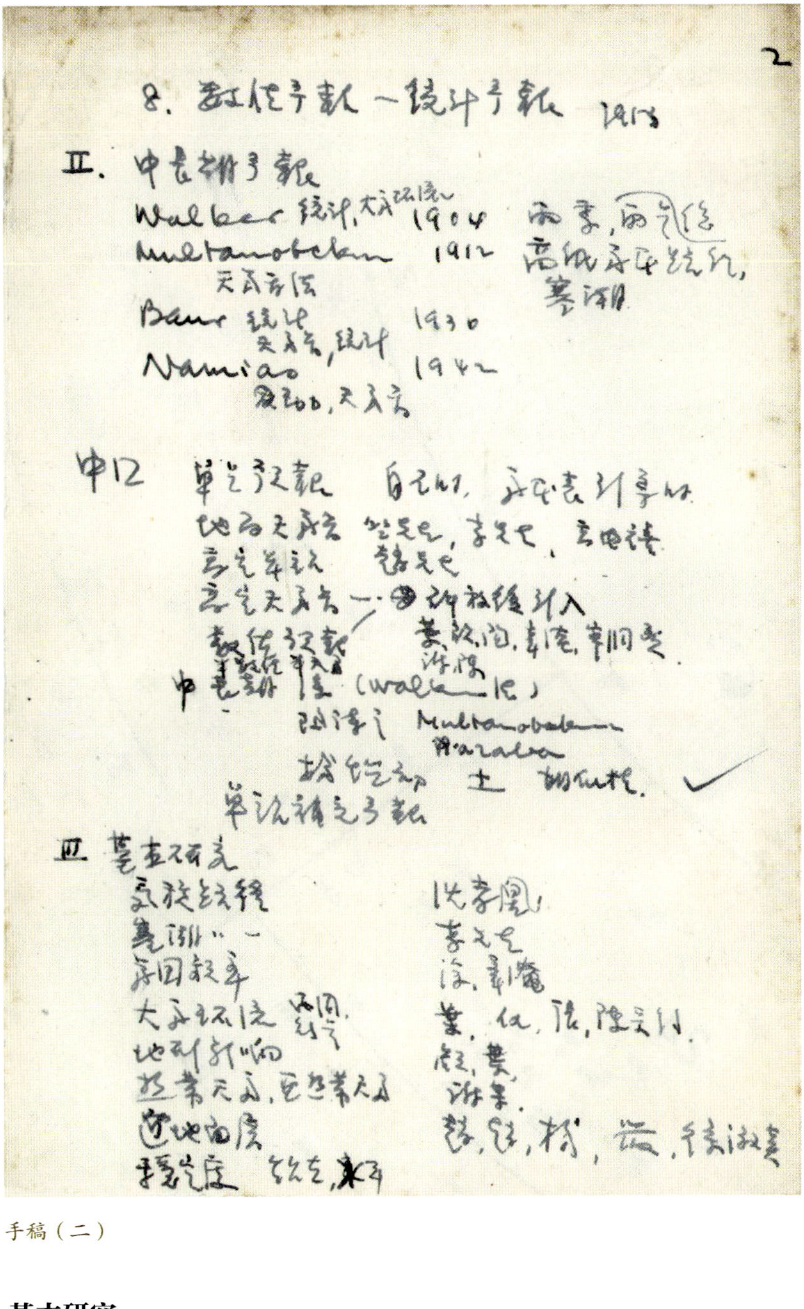

2

8. 数值预报—统计预报 1913

II. 中长期预报

Walker 统计，大气环流 1904 雨季，雨量

Multanovskiy 1912 高低压系统，寒潮

天气方法

Baur 统计 1930

天气，统计

Namias 1942

[illegible]，天气图

中国 单站预报 [illegible]

地方天气 [illegible]

[illegible]

[illegible] 天气 —— [illegible] 引入

数值预报 [illegible]

中长期 [illegible] (Walker [illegible])

[illegible] Multanovskiy

[illegible]

[illegible]

单站补充预报

III 基本研究

气旋路径 沈孝凰

寒潮路径 李宪之

气团频率 涂长望，章淹

大气环流 [illegible] 叶，仇，陈，[illegible]

地形影响 [illegible]

[illegible]

[illegible]

[illegible]

手稿（二）

III 基本研究

气旋路径　沈孝凰

寒潮路径　李宪之

气团频率　涂长望，章淹

大气环流 两周变化（？），能量 叶（叶笃正）、仇（仇永炎）、张（张镡？）、陈受钧

地形影响 顾（顾震潮）、叶（叶笃正）、

热带天气、亚热带天气 谢（谢义炳）、叶（叶笃正）

近地面层 赵（赵九章？）、赵（赵柏林？）、杨（杨大升）、严（严开伟）、徐淑英

稳定度 领先水平

发展特点

（1）军事性

1854 克里米亚（战争）

1914 挪威学派

1945 高空天气（？）生活（？）大气

（2）农业

Walker

Multanovsky

（3）动力天气……

中国跃进

① 抗美援朝

② 农业跃进、工业跃进

特点

① 由点到面 不是沿海，不是（？）

而是各人民公社

② 小→大，→小

③ 中短合一

我们的工作

（1）大中小合一

（2）长中短合一

（3）动力—天气模型——三合一，（流体力学—统计合一）

（4）基本理论—实际应用合一

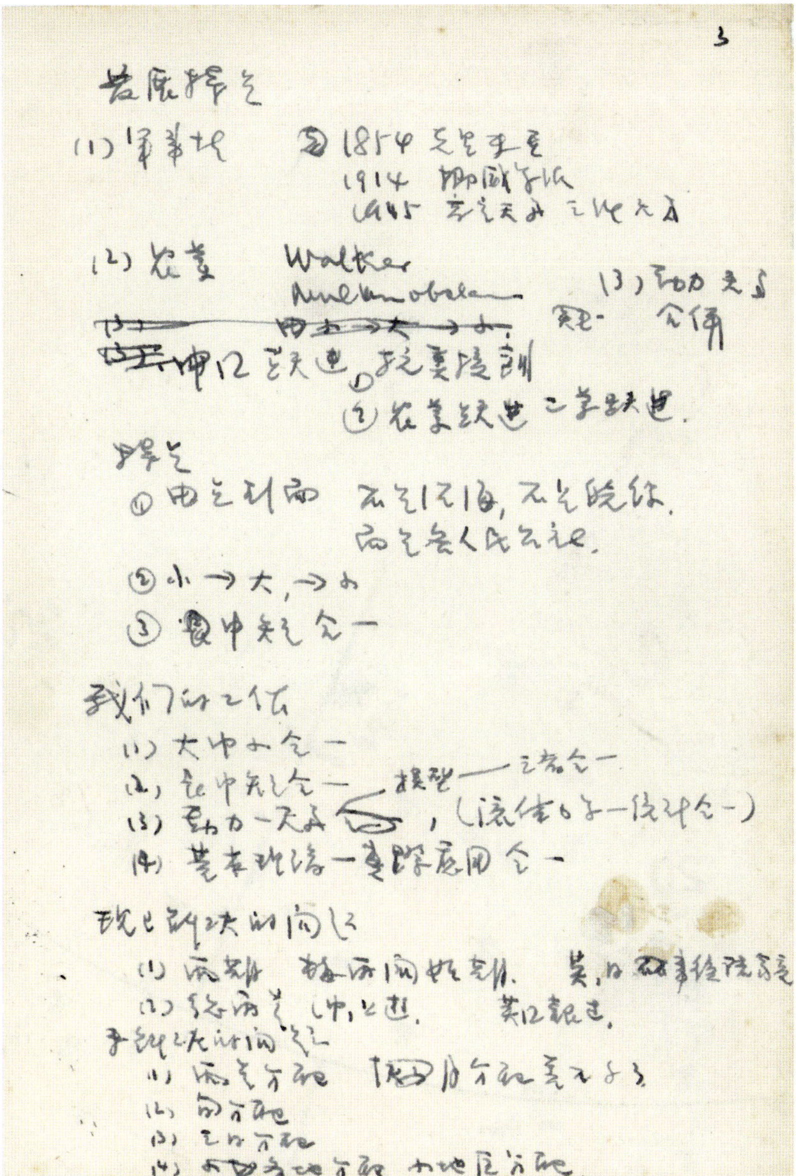

手稿（三）

现已解决的问题

（1）雨期　梅雨开始期　英、日事后（?）

（2）总雨量（长江）中、上游，英国报过

未解决的问题

（1）雨量分配、月分配差不多（解决）了

（2）旬分配

（3）三日分配

（4）各地分配，小地区分配

（5）数值统计

《天气控制》

20 年左右

身旁天气

穿衣、电扇、房子、生火、汽气

微型　消云、消雾

　　人工造雨，日本、（中国）香港、美国

　　　　干冰、盐水、碘化银

　　吉林　人工降雨

　　南京　人工消云

　　北京　人工消云，——北大（？）

　　甘肃　人工降雨

　　　　科委 $1000km^2$ 一个县

中型　1,000,000 km^2 降水，各月（？），北大（？）

大型　寒潮

　　冬→春夏　全亚洲，全北半球

　　流体模型试验

　　数值模型试验

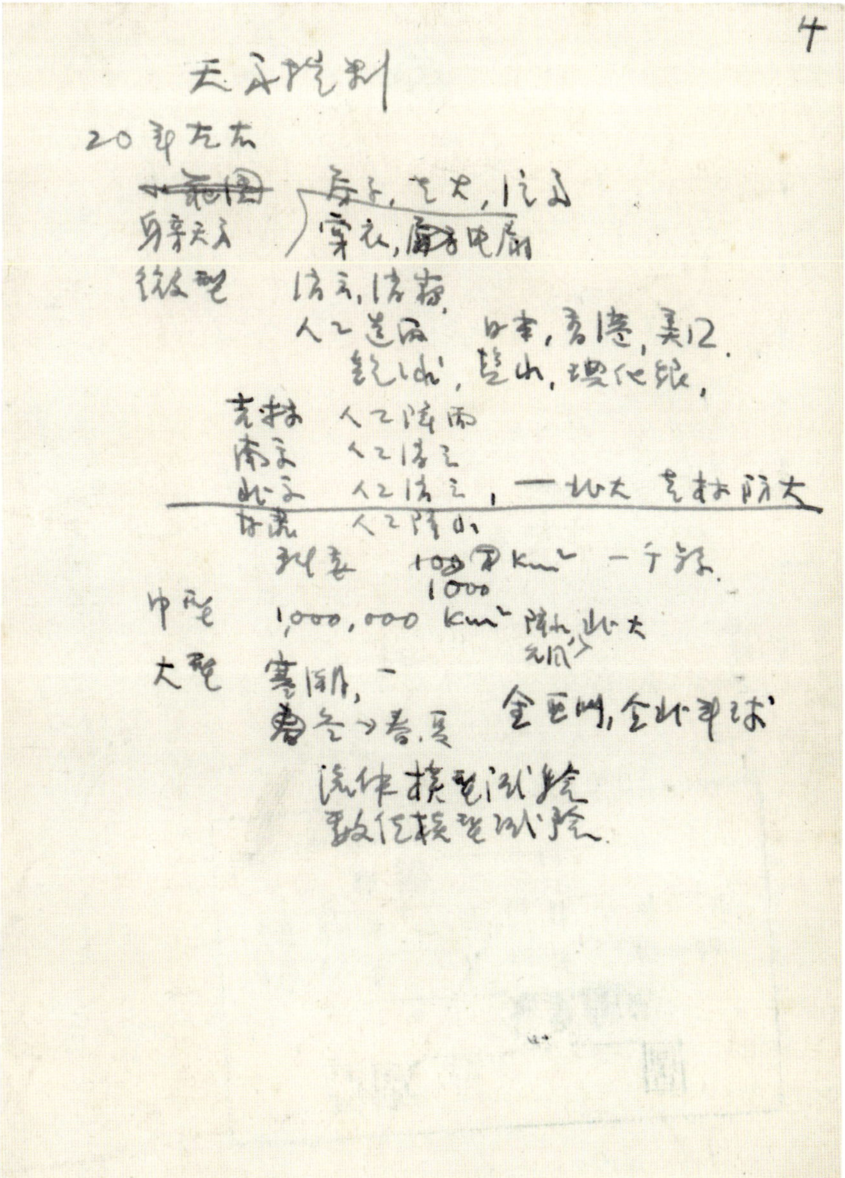
4
天气控制
20年左右
~~范围~~ 局部、巨大、综合
身旁天气 穿衣、电扇
微型 消云、消雾、
人工造雨 日本、香港、美国、
机场、港口、城市、
吉林 人工降雨
南京 人工消云
北京 人工消云，一北大 吉林 防大
人工降雨
规模 100 1000 km² 一千公里
中型 1,000,000 km²
大型 寒潮、一
春冬→春夏 全亚洲、全北半球
流体模型试验
数值模型试验

手稿（四）

1979 中国之气象教育 WMO 公报

这篇文章是谢义炳 1979 年 2 月参加了在日内瓦召开的第一次世界气候大会后，率团到马德里参加世界气象教育大会，会上作的新中国气象教育和科学的报告的中文底稿。联合国世界气象组织（WMO）根据谢义炳的会议报告撰写的公报，登载在 *WMO Bulletin* vol. 28, No. 4（1979），METEOROLOGICAL EDUCATION IN CHINA，By Yi-Ping Hsieh，Department of Geophysics at the University of Beijing (Peking)。

《中国之气象教育》

谢义炳，北京大学地球物理系

从 1949 年中华人民共和国宣布成立以来的 30 年里，气象教育的历史既取得了一系列的进步，也经历了一些曲折。它可能有点像法国革命后法国所经历的情况。

在中国革命以前，气象教育可以说是非常稀少的。只有两所大学开设气象课程，到 1949 年为止，气象专业的毕业生不超过 200 人。

中华人民共和国建立后，气象服务迅速扩大。这就要求中央气象局与大学合作开展气象教育和气象观测与预报的培训计划。

从 1952 年开始，北京大学和南京大学的气象课程都得到了很大的扩充和加强。此后，在南京建立了一所气象学院，还建立了两个较小的学院培养气象技术员。农业大学和海洋学院也分别开始设立专门为了农业

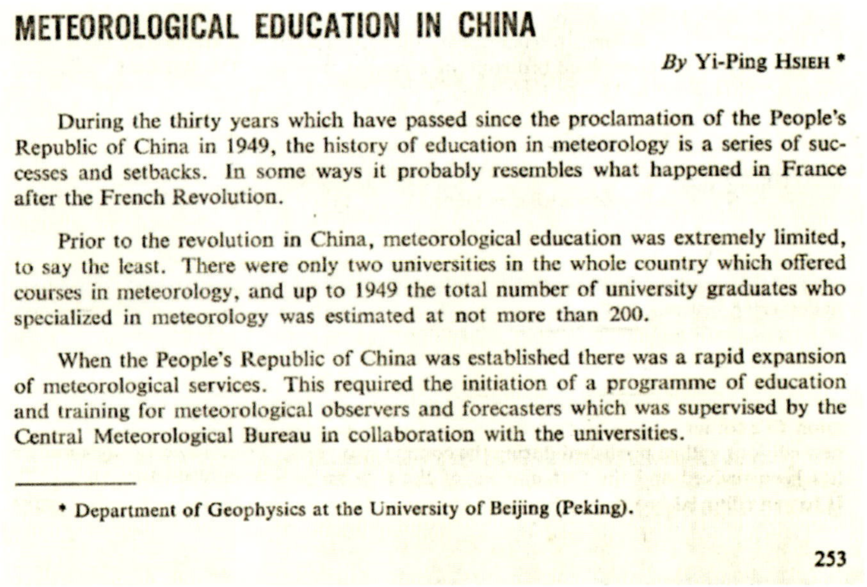

METEOROLOGICAL EDUCATION IN CHINA

By Yi-Ping HSIEH *

During the thirty years which have passed since the proclamation of the People's Republic of China in 1949, the history of education in meteorology is a series of successes and setbacks. In some ways it probably resembles what happened in France after the French Revolution.

Prior to the revolution in China, meteorological education was extremely limited, to say the least. There were only two universities in the whole country which offered courses in meteorology, and up to 1949 the total number of university graduates who specialized in meteorology was estimated at not more than 200.

When the People's Republic of China was established there was a rapid expansion of meteorological services. This required the initiation of a programme of education and training for meteorological observers and forecasters which was supervised by the Central Meteorological Bureau in collaboration with the universities.

* Department of Geophysics at the University of Beijing (Peking).

253

报告英文登载片段

和海洋的气象课程。从 50 年代中期开始，在这些领域就可以有气象专业的毕业生。

除了 50 年代后期发生过短时间的小的曲折外，到 60 年代中期为止，中国的气象教育和培训一直在持续地发展，有 9 所受教育部领导的大学设立了气象专业课程，它们很好地覆盖了整个中国。此外还有由中央气象局和教育部共同领导的气象学院。到 1966 年止，共毕业了约 4000 名大学生，专业包括动力气象学和天气学、气候学、大气物理学、高层大气物理、气象探测设备、水文气象、农业气象和海洋气象。大多数省级气象中心都开展了气象技术培训，约 4000 名学生完成了气象培训课程。

此外，还有大约 50 名学生通过了大学研究生院和中国科学院大气科学研究所的研究生考试。1949 年以后中国不再授予学位，但可以认为这些科学家都具有博士学位。

20 世纪 60 年代中期以前，中国气象学会出版的《气象》季刊已经成为一种真正的科学期刊。每一期的文章中约有一半是由 50 年代毕业的大学生提供的。

由于“文化大革命”，1966—1971年所有的大学和学院都关闭了，1971—1976年大学的功能部分得到恢复。气象学院和有些大学为中国的很多地方气象服务部门的工作人员举办了一些时间为数周或数月的讲座。其内容包括如空气污染、数值预报、中长期预报、遥感、卫星气象、热带气象或洪水预报等。这种讲座的性质有点类似于英国的“三明治课程”。

或许从长远的观点看，“文化大革命”有更深远的影响，但对科学和技术发展来说，“文革”所损失的时间至少超过十年。

然而，从1977年开始发生了急剧的变化。大学和学院都重新开放。入学新生的水平比以往更高，女生人数超过百分之三十。大学和学院老师们从事研究的范围从边界层到电离层、从小尺度湍流到行星尺度运动；他们还正在指导数十名研究生。

大学的课程还有研究领域都在发生变化。参考书和教材都在修订，新的版本将在未来两年内出版。《气象学报》已经复刊，新的第一期将在1979年5月出版。在编委会中，将近一半成员来自大专院校。本文的作者作为此杂志的主编注意到，目前理论方面稿件已变得多于实验方面；同时来自大学和研究所的稿件多于气象服务部门。可以预期，这种形势随时间还会继续变化。

由气象局、科学院、大学联合的一个发展气象科技的总体计划已经提出来了。在中国，我们充分认识到过去15年里这个领域里的巨大进步；我们会紧紧盯住新的进展并在未来的若干年内努力参与到科学发展的主流中去。我们认识到气象教育和研究的现代化与农业和工业的现代化是紧密相关的。

我们充分意识到我们所承担任务的意义和艰巨性。我们正在努力学习世界上其他国家的有用知识。我们也在努力推进国际合作，并且有信心在不久的将来为全世界的气象活动做出我们的贡献。

1979 年 6 月，美国气象学会代表团访华，谢义炳陪同赴上海、广州等地访问
中间是团长牛顿

1979 年 9 月，谢义炳随中国气象代表团回访美国。参观芝加哥大学地球科学系
前排左起：谢义炳，叶笃正；后排左二起：章其嘉，黄仕松，郭晓岚

1979 年 10 月 26 日在芝加哥大学作报告

改革开放后，谢义炳最早的一张外事活动照片（1979 年 6 月于北大临湖轩）

1982 访英汇报和请示

此手稿中列举了谢义炳在英国作的5个报告，反映谢先生在学术上的国际地位，也是改革开放初期中国国际地位及国际学术交流的一段史实。(时间可能在1983年至1984年)

《访英汇报和请示》(手稿)

自然科学处：

去年底参加科学院大气科学代表团应英气象学会邀请回访英国，参观了英国气象局业务部、研究部、气象学院、Reading大学气象系、剑桥大学大气物理和力学系、牛津大学大气物理系、伦敦帝国大学大气物理系、欧洲中期预报中心（西欧十七国加上南斯拉夫联合出资组成）、皇家学会等地。使馆参赞处告诉我们，英国皇家学会这样隆重接待科学代表团尚是第一次。全团在各处共作十个报告，我个人所作报告如下：

（1）稳定的和不稳定的斜压行星波（专题）(英国气象局研究部)

（2）湿斜压大气的天气学和动力学（专题）(里丁大学)

（3）纬圈平均特征值的中期振荡（专题）(英国气象局研究部)

（4）中国的气象教育事业（介绍）(气象学院)

（5）北大气象专业的研究工作（介绍）(剑桥大学)

另向牛津大学、伦敦帝国大学分别简略介绍了大气物理教研室和气象教研室的工作，并赠送了论文抽印本。还向各学校赠送了北京大学的英文介绍册子。

访问结束前，英国气象学会建议我们参加英国气象学会国外会员。

英国皇家学会国外会员虽然不（像）国外院士，（但）也具有一定荣誉性质。我们不便推辞。叶笃正同志（科学院副院长，大气所所长）和我填了表格。我曾申明，我们不能以外汇缴纳会费，建议①免除，②用中国人民币缴纳或用中英气象学会互换会员免会费。

他们表示可以商量。回国后英国气象学会来函，2 月 17 日将在执委会讨论叶笃正和我的国外会员问题，结果另行通知。现在 2 月 19 日函称已被选为该会国外会员。（估计叶笃正同志也接到了同样通知）入会费免出，但要交年会会费 17 英镑。考虑到中英交换国外会员事尚待商讨。此事如何办理？请示。

谢义炳

1981 年 12 月访问英国，准备报告

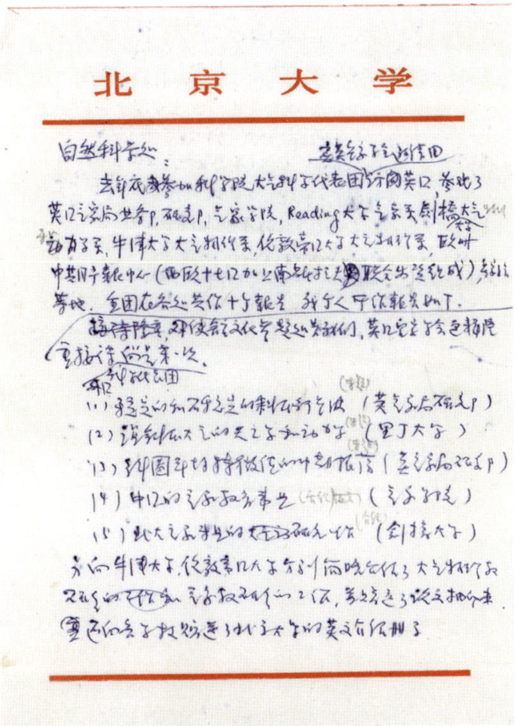
北京大学
自然科学处：

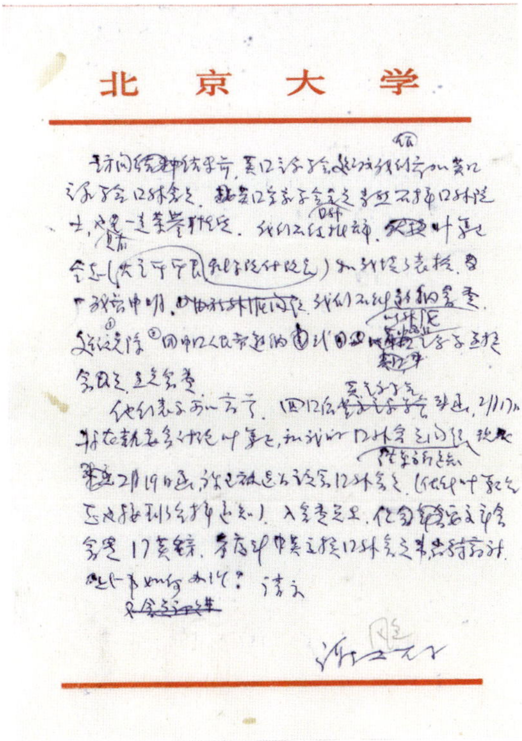
北京大学

1986 自然灾害和经济发展

此手稿共 8 页，文中从地球史、生物进化到人类社会，多角度论述防御特大洪水灾害问题。思维缜密、逻辑严谨地论述自然灾害和社会经济的关联性，并提出与经济发展相适应的应对自然灾害的方针。此文并非专为反对建设三峡工程而写的，而是由三峡工程建设引起的系统性思考。谢先生的态度是补台，而不是拆台，是积极的态度，但并不隐瞒自己的观点。文章的主旨是，提醒在大规模建设时期，关于防御灾害论证的重要性。编者估计文中论述的观点曾在有关会议上发表过。

《自然灾害与社会经济发展》

谢义炳（1986）

这是一个大题目，这里只是提出一点粗浅的看法。

一、不停变化的自然界

自然界是变化的，不停地变化着的。地球生命史约五十亿年。在这漫长的时间里，地球经历了许多大大小小的变化。大的如海陆的形成与变动、生物的出现。至于小的变化则随时随地都存在的。

人类出现在最近的一、两百万年。人类文明史不过一万年。假如，把迄现在为止的地球生命史作为一天，则人类出现在最后一分钟，而人类文明史则是最后一秒钟的事。人类是适应了不断演变的地球自然界，才出现并发展的。在人类生命史期内，或人类文明史期内，人类适应自然界变化的能力，是随着人类社会和经济的发展而增大的。

二、自然灾害

对变化着的自然界本身来说，无所谓自然灾害。自然灾害的提法是站在人类的立场上说的。所以，自然灾害应当是指最近一、二百万年内，尤其是人类文明史一万年内，自然界的变化对人类生存与发展的不利影响。

地壳变动是随时出现的，地球上每天都有地震，成灾的仅占极少数。由于地壳内部探测的困难，还没有地球内部结构和变化的明确结论。至于气候变化，则已得到最近一、二百万年内出现过小冰期与间冰期的确证。人类出现在最后的间冰期内。

人类对自然的认识迄今还是初步的，但却是逐步深化的，是与人类文化发展同步的。尼罗河的雨季泛滥，已有近7000年的记载。早期人口稀少，可能并不成灾。雨季后的泛滥平原却成为尼罗河文明的基础。中国的夏禹治水的传说和记载，大约在4000年前，是作为自然灾害来对待的。这反映了当时黄河流域的经济、文化已到达了相当高的水平，人口也有了一定（？），并作为西周东迁的预兆。

中世纪的民族大迁移波及了亚欧整个大陆，对整个人类社会的文化，包括经济、政治，都产生了重大的影响。气候变冷是北方民族南下的一个重要原因。

中国秦汉后的史书中关于洪水干旱有了比较详细的记载。虽然不是定量的，却成为古气候研究中的宝贵的材料。中国这类材料多，反映中国经济与文化在二千年的历史过程中，虽然有若干次政治大动乱，还是继续发展的。

中国黄淮平原，地质时代是古海，山东半岛是一个岛屿。燕山与太行山积累的雨水汇成的河水在冲积平原上奔流，河流改道是一种自然现象。炎黄子孙为了生存与发展，力图利用自然界提供的条件，在减少自然灾害（同）时，控制黄淮平原河流的改道，减少改道所造成的不利影响，因而是我国历代的大政方针。

自然规律是不以人们的意志而转移的。治水方针不外疏导和建筑堤坝。随着农业的发展和人口的增加，黄土高原的森林与黄淮平原的草原逐渐缩小，这使河水泥沙量增加，促使河道淤积和河床提高。人们不得不加高堤坝。当前黄河河床已高于中游沿岸城市约十米，这不能不作为一个严重隐患来对待。

当前大气科学水平，对于一般的天气预报有效预报期不超过五天，降雨预报不超过两天。仅根据天气预报防御特大洪水的灾害，是不够的。建筑水库也不能完全解决问题。中上游的水土保持，与中下游的有计划的分洪措施，可能能解决这个难题。

另一种可能性也应当注意。内蒙（古）和秦晋地区的生产发展将减少上游来水量，这种现象在小范围地区如官厅水库上游或已经出现。虽然如此，则重点问题将仅是黄河中游的三花（区）间一带，问题将比较容易解决。但是黄河上中下游水资源的分配可能成为主要问题。

我国另一个可能出现的大洪水灾害的地方是荆江，湖北中部、东部和湖南、江西北部地区。（这些地方）春秋时代是云梦泽。三千年来，这一带已成为人口密集、经济发达的地区。如何确保安全，是全国人民关心的事情。

荆江分洪工程只是一个应急措施。长江大水坝是一个宏伟设想。关于这方面的讨论很多。正面的意见是由能源与航运考虑，极力证明这类工程国际上已有很多先例。我个人认为安全问题考虑不够。世界上没有一个高水坝建筑在这样人口密集区的上游。出现非常情况时如何处理？水土保持与各支流分级水库建设是较稳妥的战略措施。

人类文明史积累的地震知识，迄今只能说是非常粗浅的。这是由于直接探测地球深层是很困难的。现代科学技术提供了若干的间接探测手段，但间接探测的结果，必须与直接探测结果订正，才能有效。这可能是地球物理学中不易取得相对一致意见的原因。当前，地震预报几乎不可能。美国旧金山最近的地震，桥墩部分坍塌，一些汽车被困在桥上，就可证明。一个著名的地球物理学家说，“地震发生前十分钟，我能预报出来，就很满意了”。这是老实话。

大大小小的洪水和地震是随时出现的，上述只是几种最主要的、涉及面广的而已。

三、经济和社会发展必须考虑自然灾害

生物为求生存和发展，必须根据其本身的具体情况，适应自然界并防御自然界的变化对生存的不利影响。熊的冬眠、鸟类的巢居和某些鸟类的迁移，都是长期形成的求生本能。人类的早期的姻亲群居，后来发展为居民点。建筑适应当时社会经济文化水平的房屋，都是这样。现代

的都市也不例外。

人类离不开水，又必须有合适的河流沿岸的平原，依山傍水最为合适，因而是人口密集的地区。早期社会人口少，建筑简陋，出现洪水时迁移，洪水后的重建也是当时社会经济文化水平所能承担的。后期发展为河堤的修建、河流的疏导、灌溉渠道的修筑。

水利建设没有一劳永逸的，必须经常维护，这在社会稳定时期是比较容易的，遇到社会动乱，或特大洪水则常造成重大的灾害。我国历史上出现过，建国以来，也未能避免。较大的事件是 1954 年的长江，1963 年的河北，1975 年的河南大水灾。至于大陆东海岸台风引起的各国暴雨灾害，则是众所周知的。

社会经济发展必须考虑自然灾害。从宏观的经济布局到微观的建筑设计。救灾只是一种临时的措施。按社会经济现状而进行的进一步发展，最好有社会保险措施，以防不测。自然灾害对人类社会经济的影响，是随社会经济发展水平而增大。人类社会完全有理由、有能力按社会经济的发展而提高保险的人力与物力。

自然灾害对社会经济损失的绝对值是随社会经济的发展而增大的。但就社会经济损失所占社会经济实力的比例论，则应当随社会经济的发展缩小。这应当是社会文化进步的一个标志。北欧国家在中世纪前还被看成是蛮荒的地方，道路简陋稀少。北欧多雨冬季寒冷，当时冬季冻害对道路的破坏不会造成多大的损失的。现代北欧国家已经建成经济文化高度发达的社会。冬季冻害造成的道路损失的费用，每年达几十亿当地货币。这不是一个小数目。但以当地生产总值说却是承担得起的。我国将来东北和西北边疆地区，也会遭遇同样状态。

在战国时期，唐山就是一个小居民点，如发生地震，损失不会太大的。十年前的唐山地震，却动员全国相当大的人力物力来弥补所（造）成的损失。今后，（在）大断层地带进行建设时，应当吸取国际国内的经验教训，以免造成类似的严重灾害。

江汉平原一带，是春秋时代的云梦泽，是自然形成的蓄洪区，无所谓水灾。当代如出现特大洪水而防范不力，则其损失是不可估计的。

总之，我们社会经济已发展到当代程度，是在进行大规模建设时，必须严肃地看待可能出现的自然灾害。

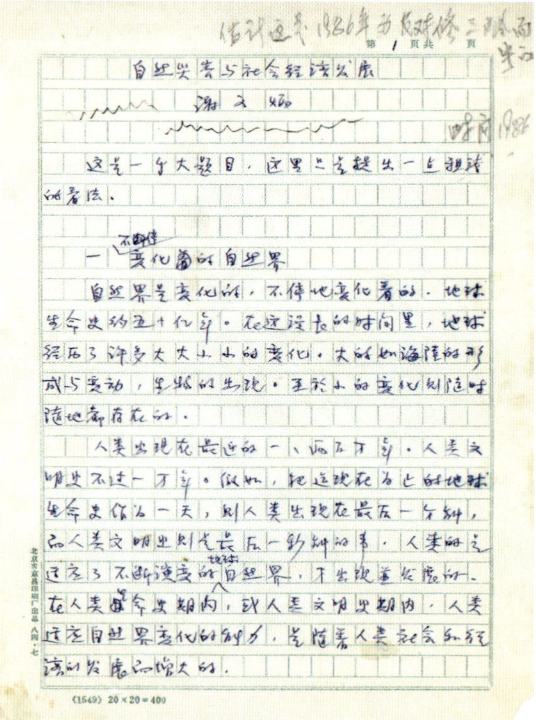

估计这是1986年为反对修三峡而写
第 1 页共 页
自然灾害与社会经济发展
谢文炳
时间1986
这是一个大题目，这里只是提出一些粗浅的看法。
一 不断变化着的自然界
自然界是变化的，不停地变化着的。地球生命史约五十亿年。在这段长的时间里，地球经历了许多大大小小的变化。大的如海陆的形成与变动，山脉的出现。至于小的变化则随时随地都存在的。
人类出现在最近的一、二百万年。人类文明史不过一万年。假如，把迄现在为止的地球生命史作为一天，则人类出现在最后一分钟，而人类文明史则是最后一秒钟的事。人类所适应了不断演变的地球自然界，才出现并发展的。在人类生命史期内，或人类文明史期内，人类适应自然界变化的能力，是随着人类社会和经济的发展而增大的。
《1549》20×20=400

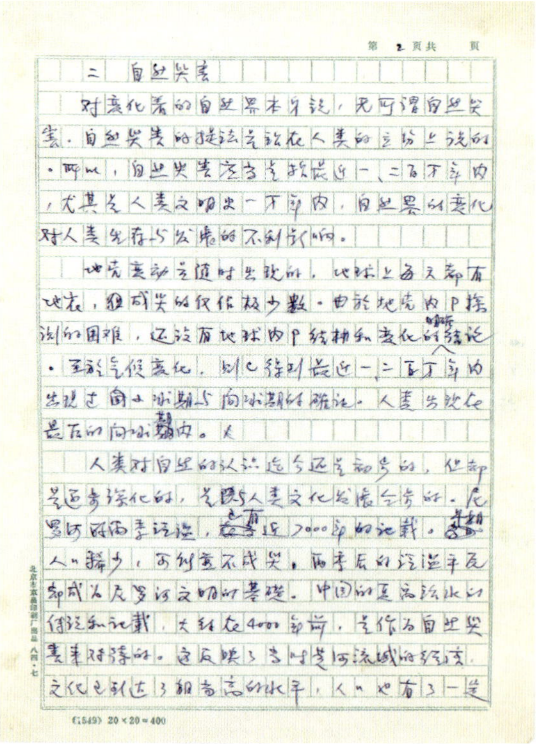

第 2 页共 页
二 自然灾害
对变化着的自然界本身说，无所谓自然灾害。自然灾害的提法是站在人类的立场上说的。所以，自然灾害应当是指最近一、二百万年内，尤其是人类文明史一万年内，自然界的变化对人类生存与发展的不利影响。
地壳变动是随时出现的。地球上每天都有地震，但成灾的仅仅极少数。由于地壳内部探测的困难，还没有地球内部结构和变化的清晰的结论。至于气候变化，则已经到最近一、二百万年内出现过四个冰期与间冰期的确证。人类生活在最后的间冰期内。
人类对自然的认识迄今还是初步的，但却是逐步深化的，是随人类文化发展而发展的。尼罗河的雨季泛滥，已有近7000年的记载。早期人们掌握了，可以使之不成灾。雨季后的泛滥平原却成为尼罗河文明的基础。中国的夏禹治水的传说和记载，大约在4000年前，是作为自然灾害来对待的。这反映了当时黄河流域的经济文化已到达了相当高的水平，人们也有了一定
《1549》20×20=400

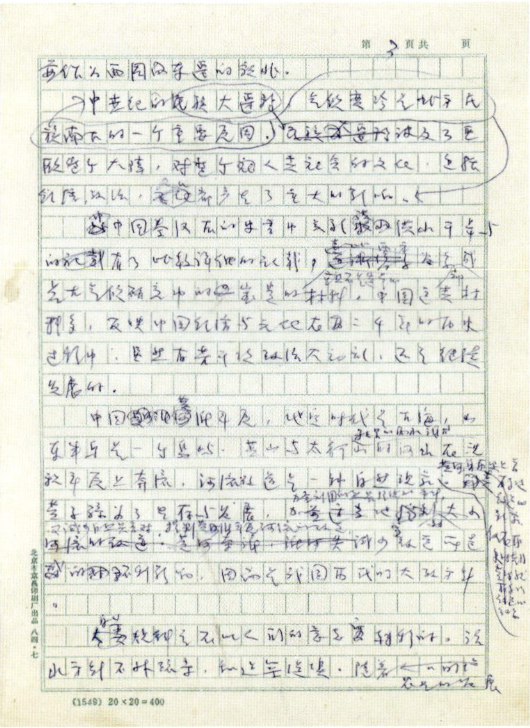
第 3 頁共 頁

北京市京義印刷厂出品 八四·七

(1549) 20×20=400

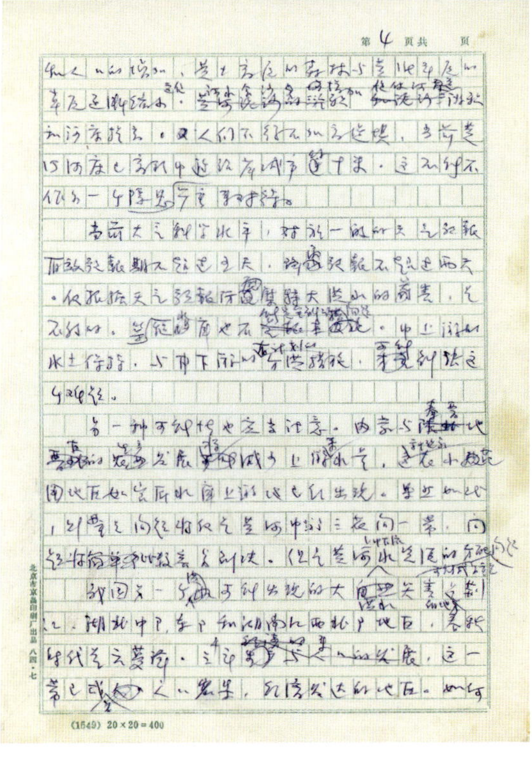
第 4 頁共 頁

北京市京義印刷厂出品 八四·七

(1549) 20×20=400

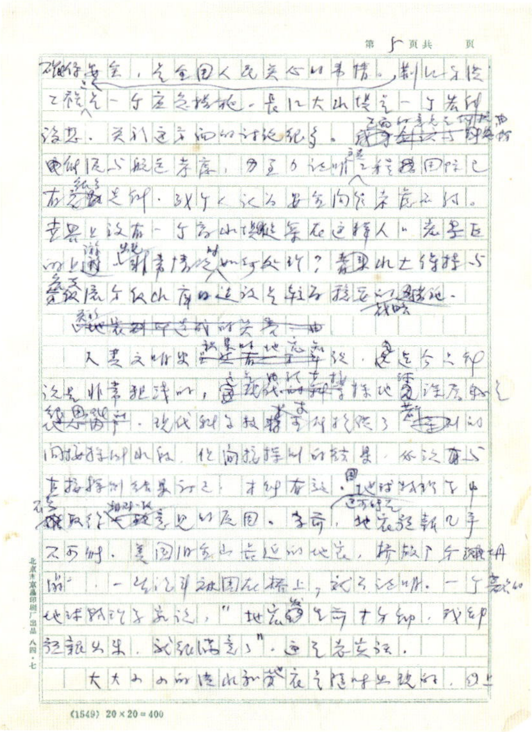
第 5 页共 页
北京市京燕印刷厂出品 八四·七
(1549) 20×20=400

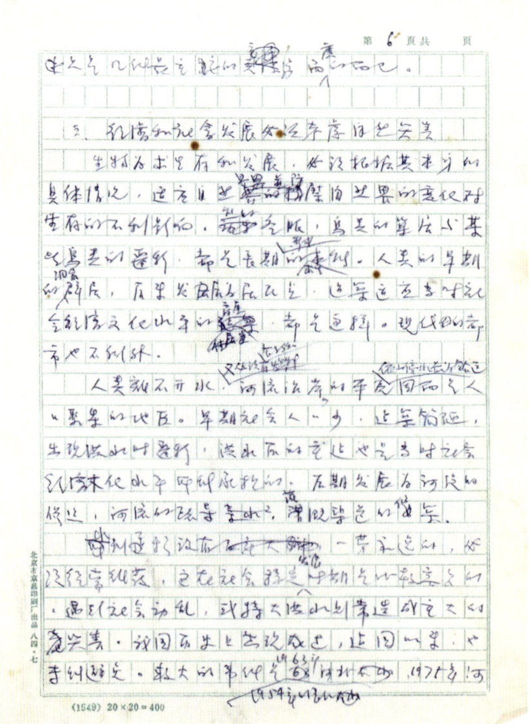
第 6 页共 页
北京市京燕印刷厂出品 八四·七
(1549) 20×20=400

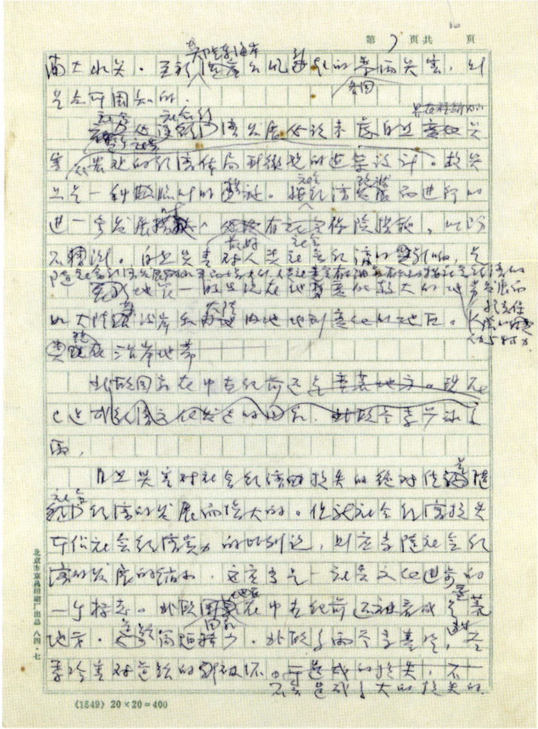
第 7 页共 页
北京市京燕印刷厂出品 八四·七
(1549) 20×20=400

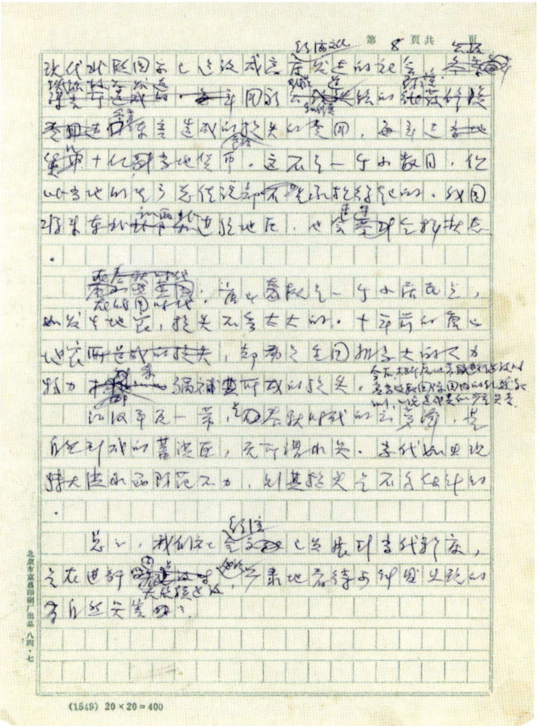
第 8 页共 页
北京市京燕印刷厂出品 八四·七
(1549) 20×20=400

1987 转折

应北京大学中国名人丛书编委会之约，谢义炳为儿童读物《脚印》（北方妇女儿童出版社，1990 年）一书撰写了《转折》一文，与小读者们分享自己从幼年到中学毕业的学习经历和成长过程。谢义炳还抽出时间专门为青少年作科学普及讲座。

在北京少年宫作卫星云图接收的科普报告

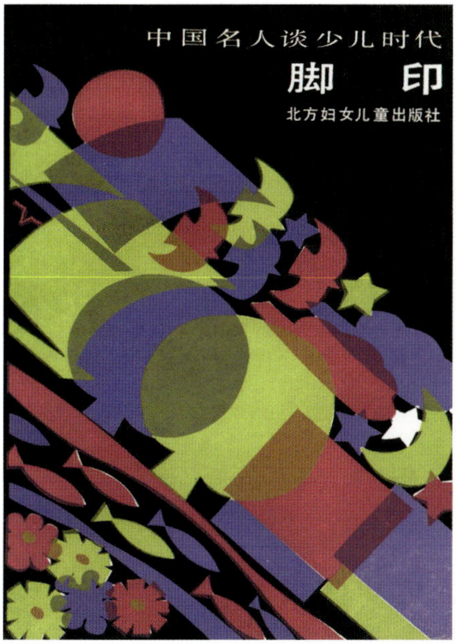

转 折

谢文炳

七十岁的老人，回忆少儿时代，别有一番情味。

一、4岁时走失过

学龄前，我在湖南长沙。一次跟着邻居的一位小姐姐出门玩。路过她一个亲友家时，她说有事进去看看，并叫我在门口稍等。也许不到10分钟吧，可是我却觉得很长时间了，因此自己回家了。愈走愈觉得不对头，我大哭起来，边哭边跑。一个好心人，问清了地址和家长姓名后把我送到家。我投向急得直哭的妈妈的怀抱。爸爸也赶回来了，送了那个好心人一点礼物。不能忍耐十几分钟，却走失了半天。

二、我不愿进幼儿园

爸爸妈妈送我进一个教会办的幼儿园。我不乐意，溜回家。爸爸对我来了个“武力”解决。把我的手捆在背后，送我去。到了门口，我不愿在那种状态下见着老师和小同学，因此，我说，“放开我吧，我自己进去”。那是我最后一次逃学。

— 51 —

三、幼儿园的“诚实”学生

幼儿园的老师（现在称阿姨，那时候幼儿园里也有男老师）教导我们要诚实，要守纪律。一天，黑板上出现了乱涂乱画的事。老师问：“谁干的？”小同学们不出声。我说：“我画的”。老师说：“上去擦掉！”我把我乱写乱画的擦了。老师说：“那一些呢？”我回答说“那不是我写的画的！”老师不再追问了，自己默默地擦掉了余留的部分。

四、不服输的一年级小学生

进了小学，人比乒乓球台高不了多少。大一点的同学看不起我，很快把我打败了。那时小学生实行的是擂台制，谁胜了，谁做台主。我不认输，反复挑战。一段时间后，我也做台主了。得意忘形，尿憋了，也不肯下来，结果尿了裤子。

小学校里有一个小花园，花园口有一个篱笆门。小学生们以树枝作武器玩攻守战。守方气势汹汹，攻方没有进展。我拿起一根带着树叶的树枝，做着劈头盖脑的动作冲上去，守方让开了大门，我们攻进去了。我不理解为什么那样轻易取得了胜利，因为我们连他们一根头发也没碰着。

五、蛮干的教训

“勇者胜”的信念，在我脑中逐步形成了。初小二年级时，曾向一个比我高半头的同学挑战。一交手，也许不过一秒钟吧，我就被摔倒在地，手脚朝天，幸好后脑没有碰地。这次

— 52 —

失败，教会了我不做那些完全不可能做到的事。

初小二年级下学期，我妈妈去世。我随奶奶暂回家乡湖南省新田县。家乡有一条二三十米宽的小河。我决心自己学会游泳，待能游一段距离后，才尝试横渡这条小河。经过一段时间苦练，我学会了游泳并进行第一次试渡。在没有别人的保护下，就成功了。我感觉很累。

六、我爱我姐姐

姐姐比我大9岁。小学一年级时的春节前，妈妈给我姐姐的礼物是一个镀金的项链，还带一个心形的坠子，美极了。给我的礼物只是一套小学生的黑色棉制服。我感到委屈。全家照相时，我还呕气呢。那张像我保存了几十年，文革中遗失了。我不小心，把吃剩的蚕豆留在口袋里，夜里“招待”了老鼠。新制服被咬了一个大洞。快年三十了，出了这种“不吉利”的事，我哭闹半天，累了就睡着了。醒来时，姐姐已把破口缝补好，看不出来了。姐姐没有说什么，我也一样。一直到现在，我都认为我姐姐是最美最好的姐姐。姐姐在大学一年级时，因肺病去世。我知道后，悲痛万分，竟不相信那是真的，哭也哭不出来。

七、我感激我哥哥

高小二年级时，由于我能背诵，成绩不错。寒假后，跳班进了初中一年，结果不好，连续两个学期都有课程不及格。我哥哥比我大十二岁，大学毕业了，留在中央大学（现南京大学）做助教。他坚决把我调到南京，先进一个中学初二过渡，

— 53 —

并加强对我进行数学思维的辅导。暑假留一级考入中央大学实验中学（现南京师范大学附属中学）初中二。这样，我初中二读了二年，三个学校。那所实验学校是中央大学教育系主办的，各方面要求都很高。虽然是留一级考进去的，我还是不能适应。第一学期各科课程虽然没有不及格的，但全班40个同学，我排第38名。这给我敲了警钟。努力的结果，第二学期我跃进到第14名。初三上学期末，又跃进到第三名。第一名是一位比我小一岁的男同学，第二名是一位女同学。我感觉到在思维和表达能力方面与他们间还有差距。原想再努力初三下学期还要比赛一番。"一二·八"事变，学校通知开学无期，我遵哥哥的命令转学长沙。从此，各奔东西。三年半后，即1935年我有幸与那位男同学同时考入清华大学。后来，听说那位女同学进了金陵女大，成为那个学校的风云人物。

在中央大学一年半时间里，我不仅学会了如何读书，还学会了铅笔画和木工活，并养成了正规体育锻炼的习惯。"九·一八"事变后，我又有了每天读报的习惯。一年半的合乎规律的教育，使我由一个玩童变成一个自觉努力向上的少年。哥哥的决策，使我终身受益。他去世已20年，我还衷心地怀念他。

八、我铭记着爸爸的一句话

"九·一八"事变时，我爸爸在沈阳东北大学教书，陷在那里。回到北平后，曾给我哥哥和我一封短信，说："你们要努力啊！"。事后，才知道他在火车洗手间和过道里站了三天三夜，靠途中买了一篮子鸭梨充饥。是的，"九·一八"是一个历史事件，有其历史、社会和思想根源。清除这些根源是需要大家长期努力的。

— 54 —

九、我的软弱面

我有软弱面，并因此受到惩罚。幼儿时学唱歌，当然不入调。小哥哥小姐姐们取笑我。我害羞，不再唱了。中央大学实验学校初中二上学期，还有一节音乐课。我随着风琴独唱时，同学们笑了！老师也笑了。不过老师还是说："唱得不错！"我感觉到她是说违心话。我气了。我一生不会唱歌，只能在合唱时，充当"南郭先生"。为此，我遗恨终身。假如，我坚强些，不顾别人笑话，还不是也学会了。后来，我学会了口琴，也学会了西方古典音乐欣赏，但仍然不会唱歌。逃避困难，绕过困难，留下的还是遗憾。

十、一件难忘的小事

中央大学实验学校有一个小小的动物园，里面养着一个猴子，没有铁丝笼子，是用一个小铁链拴着的。课间我与同学常去看那猴子。一次，我拿着烤白薯，自己吃着，并把白薯皮喂那猴子，它温顺地接着吃了。我喂它白薯心，它又温顺地接着吃了。当我再喂它白薯皮时，它突然跳到我身上来抢我的白薯，并抓了我一下。现在我左臂上还留下一条两寸长隐约看得见的伤疤。

— 55 —

《转折》一文书稿

1988 第二届涂长望青年气象科技奖颁奖会上的讲话

一唱雄鸡天下白
——欢迎气象事业现代化进程的生力军

谢义炳

第二次青年气象科学技术奖的评选结果已经公布，并将于本年七月正式颁发。一九八六年十一月中国气象学会代表会议大会通过决议，将青年气象科学技术奖冠以“涂长望”姓名，改称“涂长望青年气象科技奖”。这是有深远意义的。

涂长望同志献身于人民的革命和建设事业。尊敬前辈，团结同辈，爱护后辈，促进协作，共同奋斗。并以其清新的学术思想，和对大气运动的深刻观察，力求在历史条件允许的范围内，探索解决我国迫切需要解决的气象问题的最优途径和方案。对我国气象学的科学研究、教育和业务工作都作出了不可抹灭的贡献，赢得了气象工作者的尊敬和广大社会声誉。

我国气象事业虽然已有很大的发展和进步，但我们所面临并迫切需要加以解决的大大小小问题，仍然是很多很多的。这些问题只有在现在已经建立的基础上，不断进步和创新才能逐步加以解决。我国近十万的气象工作者分布在祖国各方，从事不同的分支行业。其中一半以上是青年人。他们辛勤劳动，克苦钻研，为解决我国迫切需要解决的气象问题，作出了不同程度的贡献。这次评选的得奖者，只是其中的代表人物。

评委会希望广大的气象工作者，尤其青年气象工作者，学习涂长望同志的崇高思想道德品质，求实和创新的精神，密切联系所处岗位的具体条件和问题，向具有中国特色的社会主义现代化气象事业的广度和深度进军。“涂长望青年科技奖”将促进我国气象事业现代化的进程并在不长的历史时期内，以我国的优异成绩，促进国际气象科学技术的健康发展，希望参与建设新中国的伟大任务。中华民族站起来了，前途无限光明。然而，对于国内外敌对势力的顽固性估计不足。他们并不甘心看到我们真正站起来。朝鲜战争的胜利与第一个五年计划的顺利完成也使我们或多或少低估建设过程的困难。这就出现了近二十年中一系列的失误，虽然总的还有进展，但速度慢下来了。十一届三中全会才纠正过来，一个中心、两个基本点的提出使我们前进的速度增快了。成绩是世界公认的。朋友们叫好，敌人侧目。

霸权主义决不会自动退出历史舞台，导弹头还对着我们。政治斗争是不流血的战争，战争是政治斗争的继续。我们争取和平，但也不能“刀枪入库”“马放南山”。政治斗争和战争是以实力为基础的。实力包括经济、军事、技术、人心、组织、外交战略、战术……我们还要踏踏实实地做工作，做好长期斗争应有的思想准备。

1978 年以来，我参加过多次国际科技交流与会议。有些西方科学家还是善意的，有理有节的。可是，背后的科技组织者的霸权主义立场却是很明确的，态度也是咄咄逼人的。一个分支学科的国际会议是一个小小的舞台，可是与政府间的大舞台的谈判一样，也有霸权主义与反霸权主义的斗争。

我们学科的一个有名中年科学家，是北大毕业的[1]，1990 年参加国际会议后给我看了他的一首诗：

陋巷雌凤压语低，阔人高调与天齐；
科坛似欲容争辩，政际方明尚竞挤。
异国魂消难入梦，故乡戈枕待鸣鸡；

[1] 编者注：此位科学家为曾庆存。

归去同心埋首干，会当盈尺？待提眉。

我读后也写了一首诗：

漫道书生狂气大，炎黄子孙几代情。
愿提龙泉三尺剑，叱咤风雷万里行。

我已年近古稀，能做的事情不多了，谨寄希望于现代中国青年。希望（中国青年）参与建设新中国的伟大任务。希望埋头工作，“马上得之，焉能马上治之”“文景之治”“贞观之治”颇有共鸣。然而在国内外敌对势力的包围下，怎么能够“刀枪入库，马放南山”？又怎么能不一手拿枪，一手搞建设？

当前，在人类社会发展的现阶段，我们怎能不搞以科技现代化为核心的四个现代化？怎能不提出一个中心，两个基本点？怎么能不提出科技是第一生产力？各行各业的人们，应当怎样在自己本职岗位上，在中华民族的历史关键时刻，竭尽全力参与当前的伟大斗争？

我这个糊涂人，在垂暮之年，才能稍稍体会一点点，悔之晚矣。青年人聪明得多，当能摆好自己在社会历史发展中的位置，做出好得多的成绩。谨借此机会寄予一个老年人衷心的美好的祝愿。

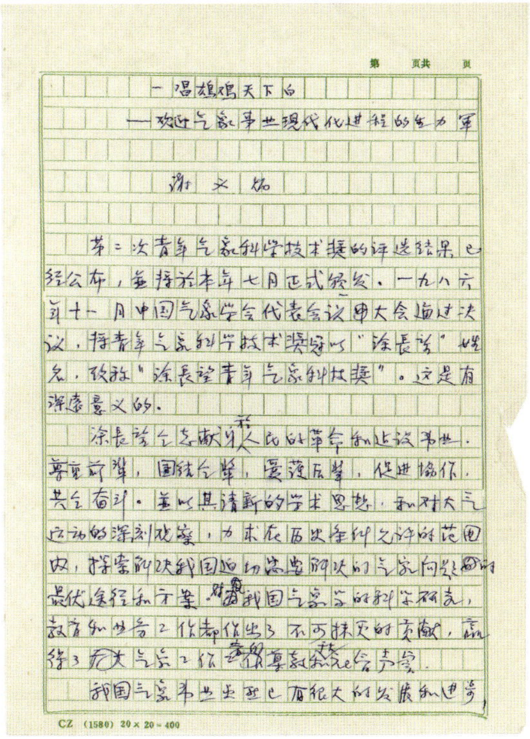
第　页共　页

一唱雄鸡天下白
——欢迎气象事业现代化进程的生力军
谢义炳

第二次青年气象科学技术奖的评选结果已经公布，并将于本年七月正式颁发。一九八六年十一月中国气象学会代表会议[illegible]大会通过决议，将青年气象科学技术奖冠以“涂長望”姓名，改称“涂長望青年气象科技奖”。这是有深远意义的。

涂長望同志献身于人民的革命和建设事业，尊重前辈，团结同辈，爱护后辈，促进协作，共同奋斗。并以其清新的学术思想，和对大气运动的深刻观察，力求在历史条件允许的范围内，探索解决我国迫切需要解决的气象问题的最优途径和方案。对我国气象学的科学研究，教育和业务工作都作出了不可抹灭的贡献，赢得了广大气象工作者[illegible]声誉。

我国气象事业目前已有很大的发展和进步，

CZ （1580） 20×20=400

手稿

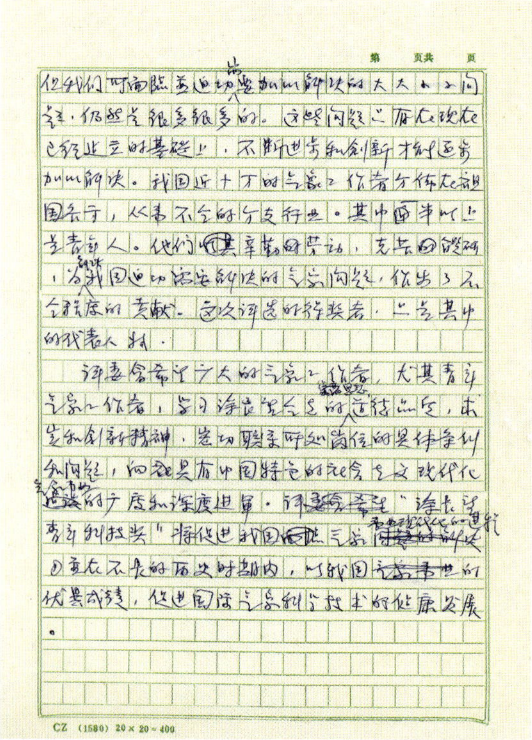

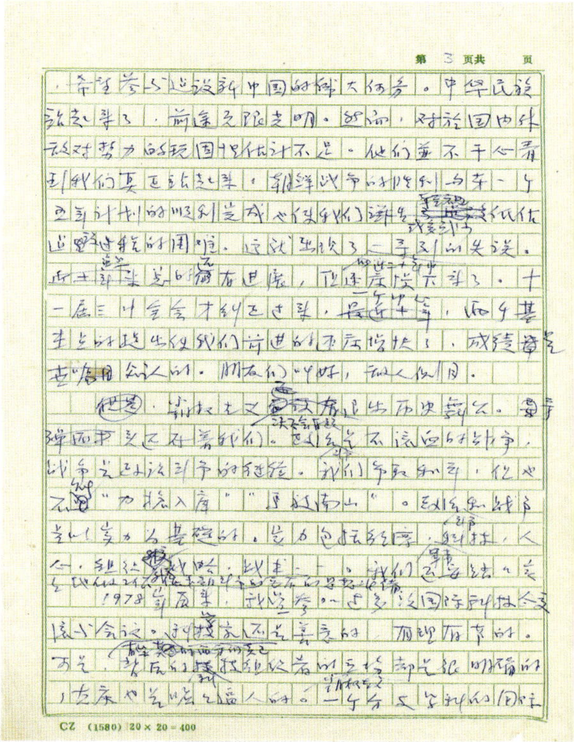

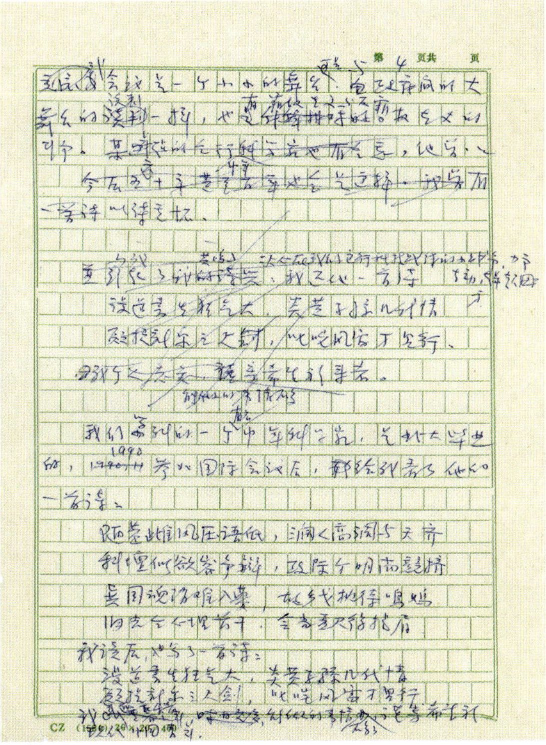

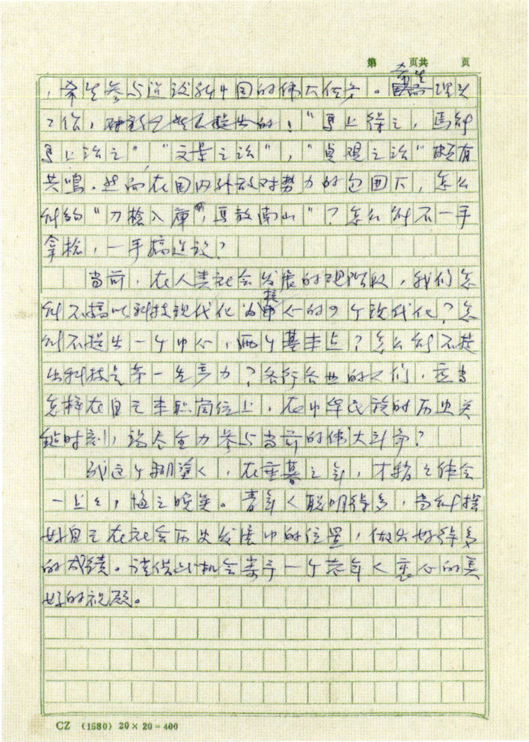

手稿

1988　帕尔曼纪念科学讨论会与帕尔曼奖[1]

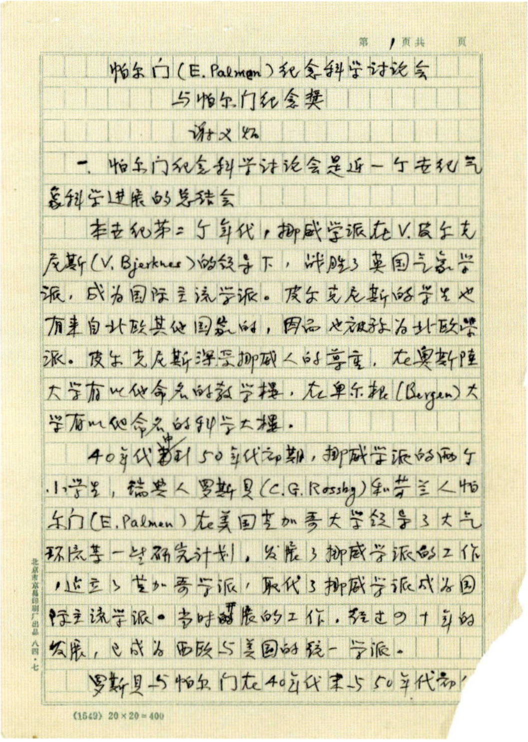
第 1 页共 页

帕尔门(E. Palmen)纪念科学讨论会
与帕尔门纪念奖
谢义炳

一、帕尔门纪念科学讨论会是近一个世纪气象科学进展的总结会

本世纪第二个年代，挪威学派在V. 皮叶克尼斯(V. Bjerknes)的领导下，战胜了英国气象学派，成为国际主流学派。皮叶克尼斯的学生也有来自北欧其他国家的，因而也被称为北欧学派。皮叶克尼斯深受挪威人的尊重，在奥斯陆大学有以他命名的数学楼，在卑尔根(Bergen)大学有以他命名的科学大楼。

40年代中到50年代初期，挪威学派的两个小学生，瑞典人罗斯贝(C.G. Rossby)和芬兰人帕尔门(E. Palmen)在美国芝加哥大学领导了大气环流等一些研究计划，发展了挪威学派的工作，建立了芝加哥学派，取代了挪威学派成为国际主流学派。当时开展的工作，经过四十年的发展，已成为西欧与美国的统一学派。

罗斯贝与帕尔门在40年代末与50年代初

(1549) 20×20=400

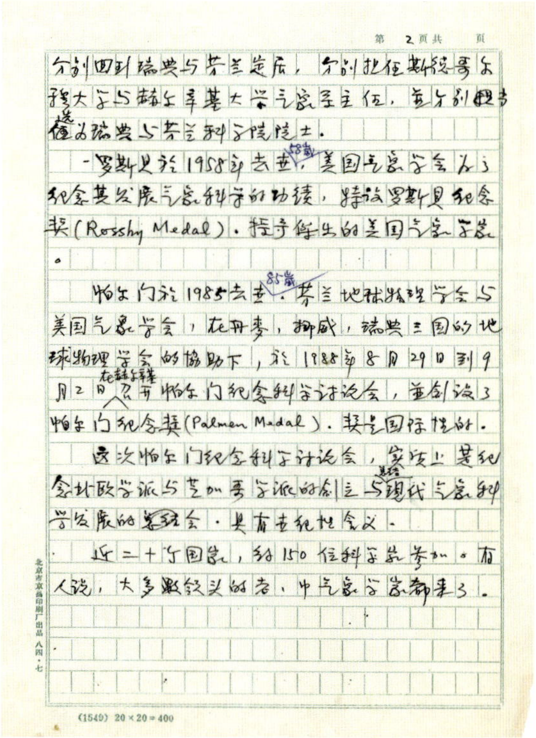
第 2 页共 页

分别回到瑞典与芬兰定居，分别担任斯德哥尔摩大学与赫尔辛基大学气象系主任，并分别被选为瑞典与芬兰科学院院士。

罗斯贝于1958年去世（58岁），美国气象学会为了纪念其发展气象科学的功绩，特设罗斯贝纪念奖(Rossby Medal)，授予卓越的美国气象学家。

帕尔门于1985年去世（85岁）。芬兰地球物理学会与美国气象学会，在丹麦，挪威，瑞典三国的地球物理学会的协助下，于1988年8月29日到9月2日在赫尔辛基召开帕尔门纪念科学讨论会，并创设了帕尔门纪念奖(Palmen Madal)。奖是国际性的。

这次帕尔门纪念科学讨论会，实际上是纪念北欧学派与芝加哥学派的创立与现代气象科学发展的总结会，具有世纪性意义。

近二十个国家，约150位科学家参加。有人说，大多数领头的老、中气象学家都来了。

(1549) 20×20=400

[1]　此手稿文字已在2007年的纪念文集中出版，本书仅刊印手稿和有关活动的照片。

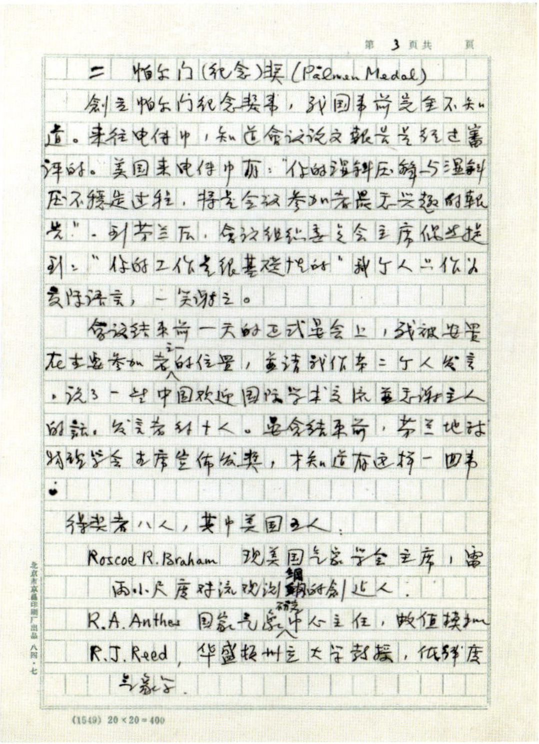

第 3 頁共 頁

二 帕尔门（纪念）奖（Pålmen Medal）

创立帕尔门纪念奖事，我国事前完全不知道。来往电传中，知道会议论文报告是经过审评的。美国来电传中有："你的湿斜压锋与湿斜压不稳定过程，将是会议参加者最感兴趣的报告"。到芬兰后，会议组织委员会主席仍然提到："你的工作是很基础性的"。我个人以作为交际语言，一笑谢之。

会议结束前一天的正式晚会上，我被安置在主要参加者之一的位置，并请我作为三个人发言，说了一些中国欢迎国际学术交流并感谢主人的话。发言者计十人。晚会结束前，芬兰地球物理学会主席宣布发奖，才知道有这样一回事：

得奖者八人，其中美国三人：

Roscoe R. Braham 现美国气象学会主席，雷雨小尺度对流观测纲领的创立人。

R.A. Anthes 国家气象研究中心主任，数值模拟

R.J. Reed，华盛顿州立大学教授，低纬度气象学。

(1549) 20×20=400

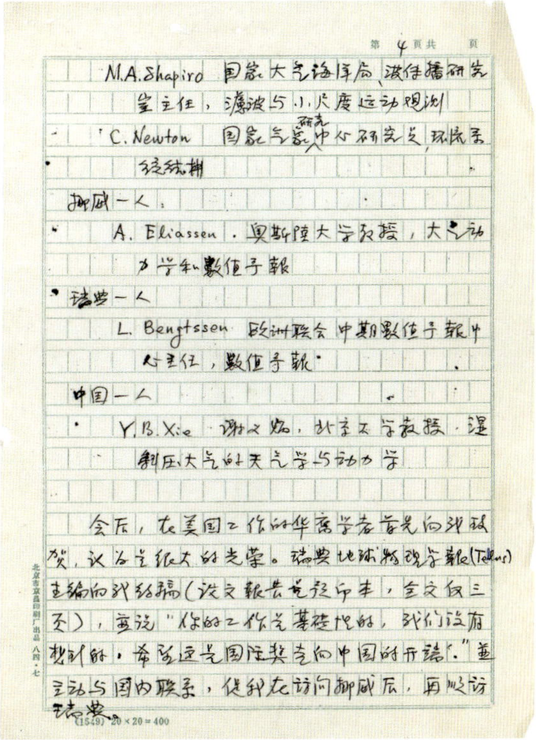

第 4 頁共 頁

M.A. Shapiro 国家大气海洋局、波传播研究室主任，锋波与小尺度运动观测

C. Newton 国家气象研究中心研究员，环流系统统计

挪威一人：

A. Eliassen，奥斯陆大学教授，大气动力学和数值预报

瑞典一人

L. Bengtsson 欧洲联合中期数值预报中心主任，数值预报

中国一人

Y.B. Xie 谢义炳，北京大学教授，湿斜压大气的天气学与动力学

会后，在美国工作的华裔学者首先向我致贺，认为是很大的光荣。瑞典地球物理学报（Tellus）主编向我约稿（论文报告是预印本，全文仅三页），并说"你的工作是基础性的，我们没有想到的，希望这是国际奖章向中国的开端。"并主动与国内联系，使我在访问挪威后，再顺访瑞典。

(1549) 20×20=400

手稿

罗斯贝创立芝加哥大学气象系后，便邀请帕尔曼作为访问教授赴美，协助他主持天气分析研究。所以说，是瑞典人罗斯贝（C. G. Rossby）和芬兰人帕尔曼（E. Palmen）共同创建和领导了美国芝加哥大学气象系。1969 年帕尔曼出版的 *Atmospheric Circulation Systems*（《大气环流系统》）代表了那个年代的最高成就，具有高度的物理洞察力。

《时代》周刊封面上的罗斯贝画像和《纪念帕尔曼研讨会文集》中帕尔曼的照片

1983 年 9 月率中国气象学会代表团访问瑞典，在交流会上发言

1983 年从瑞典专程飞往赫尔辛基探望老师帕尔曼（右二）

典礼后在招待会上谢义炳回答问题

帕尔曼纪念科学讨论会后不久，1990 年美国气象学会也开了一个大型的国际性研讨会纪念帕尔曼（外热带气旋科学研讨会——纪念帕尔曼和挪威学派）。会议学术报告全方位地总结了斜压扰动极锋气旋（即外热带气旋）相关的各个方面的研究历史及最新研究成果，如高空急流、对流层顶、位涡理论、数值模拟等。学术报告汇编成四大卷会议文集，Newton E. C. & E. O. Holopainen. *Extratropical cyclones – The Erik Palmen memorial volume.* Amer. Meteor. Soc., Boston, USA, 1990。

1999 年，会议文集整编成书由美国气象学会出版：*The Life Cycles of Extratropical Cyclone*。

1989　给牛顿夫妇的信

1989 年 3 月 2 日，美国科罗拉多州博尔特市，

美国国家大气科学研究中心

牛顿夫妇

亲爱的牛顿夫妇：

海蕾特手写的信和照片已收到。

我正在考虑我们之间如何合作的问题。

我记得多年前，蔡斯特想修订帕尔曼和牛顿的那本很著名的书[1]。蔡斯特问过我是否可能参与这项工作。由于我当时承担很重的行政工作，对这个建议没有特别留意。在赫尔辛基，蔡斯特问过我北美上空有没有湿急流。我给了他一个肯定的答复。

最近，我们系的两位老师建议我写一本关于东亚环流系统及其变化的书。虽然东亚上空的环流系统远较北美上空复杂，但是环流系统的基本思想还是帕尔曼和牛顿的，我是可以在其中增加一些新的内容，当然这也不是那么容易。

如我所知，干的斜压大气和干急流一般位于高空槽的后方（即槽后），而大多数湿斜压和湿急流多位于槽的前方。这是因为，高空槽后盛行下沉运动和反气旋环流，而槽前则盛行上升运动和气旋发展。水循环在发展过程中起了部分作用。

不知上述思想是否为蔡斯特所接受。如若是，不知蔡斯特是否有兴

[1] 可能是指 1969 年出版的《大气环流系统》(Palmen E. & Newton C. W., *Atmospheric Cir-culation Systems*, Academic Press, 1969)。

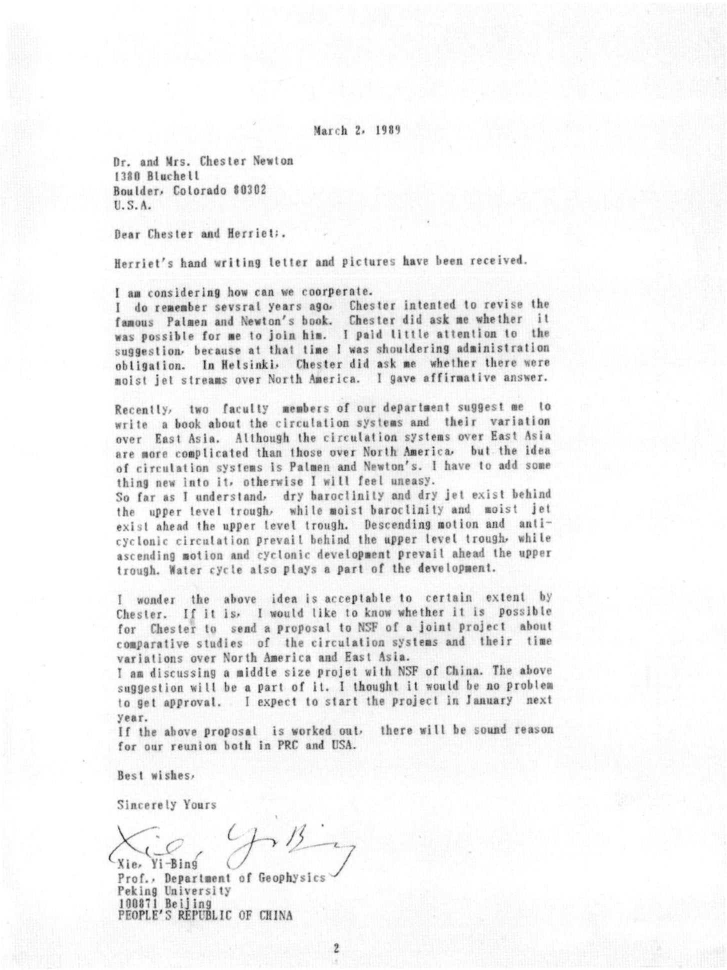

March 2, 1989

Dr. and Mrs. Chester Newton
1380 Bluchell
Boulder, Colorado 80302
U.S.A.

Dear Chester and Herriet;.

Herriet's hand writing letter and pictures have been received.

I am considering how can we coorperate.
I do remember sevsral years ago, Chester intented to revise the famous Palmen and Newton's book. Chester did ask me whether it was possible for me to join him. I paid little attention to the suggestion, because at that time I was shouldering administration obligation. In Helsinki, Chester did ask me whether there were moist jet streams over North America. I gave affirmative answer.

Recently, two faculty members of our department suggest me to write a book about the circulation systems and their variation over East Asia. Although the circulation systems over East Asia are more complicated than those over North America, but the idea of circulation systems is Palmen and Newton's. I have to add some thing new into it, otherwise I will feel uneasy.
So far as I understand, dry baroclinity and dry jet exist behind the upper level trough, while moist baroclinity and moist jet exist ahead the upper level trough. Descending motion and anti-cyclonic circulation prevail behind the upper level trough, while ascending motion and cyclonic development prevail ahead the upper trough. Water cycle also plays a part of the development.

I wonder the above idea is acceptable to certain extent by Chester. If it is, I would like to know whether it is possible for Chester to send a proposal to NSF of a joint project about comparative studies of the circulation systems and their time variations over North America and East Asia.
I am discussing a middle size projet with NSF of China. The above suggestion will be a part of it. I thought it would be no problem to get approval. I expect to start the project in January next year.
If the above proposal is worked out, there will be sound reason for our reunion both in PRC and USA.

Best wishes,

Sincerely Yours

Xie, Yi-Bing
Prof., Department of Geophysics
Peking University
100871 Beijing
PEOPLE'S REPUBLIC OF CHINA

2

信件原件

趣写一个关于北美和东亚大气环流系统及其演变的比较研究的合作研究计划给 NSF（中国自然科学基金会）。

我正在和中国自然科学基金会讨论一个中型项目。上面的建议将作为这个项目的一个部分。我认为这个项目获得批准应没有问题。希望这个项目可在明年一月启动。

如果上述计划得以实现，无疑将加强中国和美国之间的团结。

致诚挚的问候

谢义炳

北京大学地球物理系，中华人民共和国

1990 清华校友会
初感二三事及个人小传

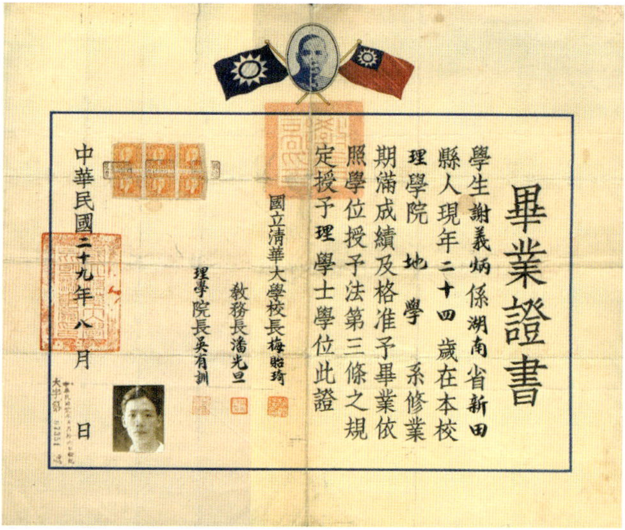

畢業證書

學生謝義炳係湖南省新田縣人現年二十四歲在本校理學院地學系修業期滿成績及格准予畢業依照學位授予法第三條之規定授予理學士學位此證

國立清華大學校長梅貽琦

教務長潘光旦

理學院長吴有訓

中華民國二十九年八月 日

谢义炳的清华大学毕业证书

《初感二三事》[1]

2814[2] 谢义炳

一、“你不是清华的”

带着入学通知书，坐了近四十小时的火车，住进灯市口“北辰宫”。准备先休整一番，再去清华园报到。结账时，不给我九折优惠，说：“你

[1] 此文是应清华校友会写的清华回忆及个人小传。

[2] 2814 是谢义炳在西南联大时期清华大学的学号，指民国 28 年（1939 年）复学。

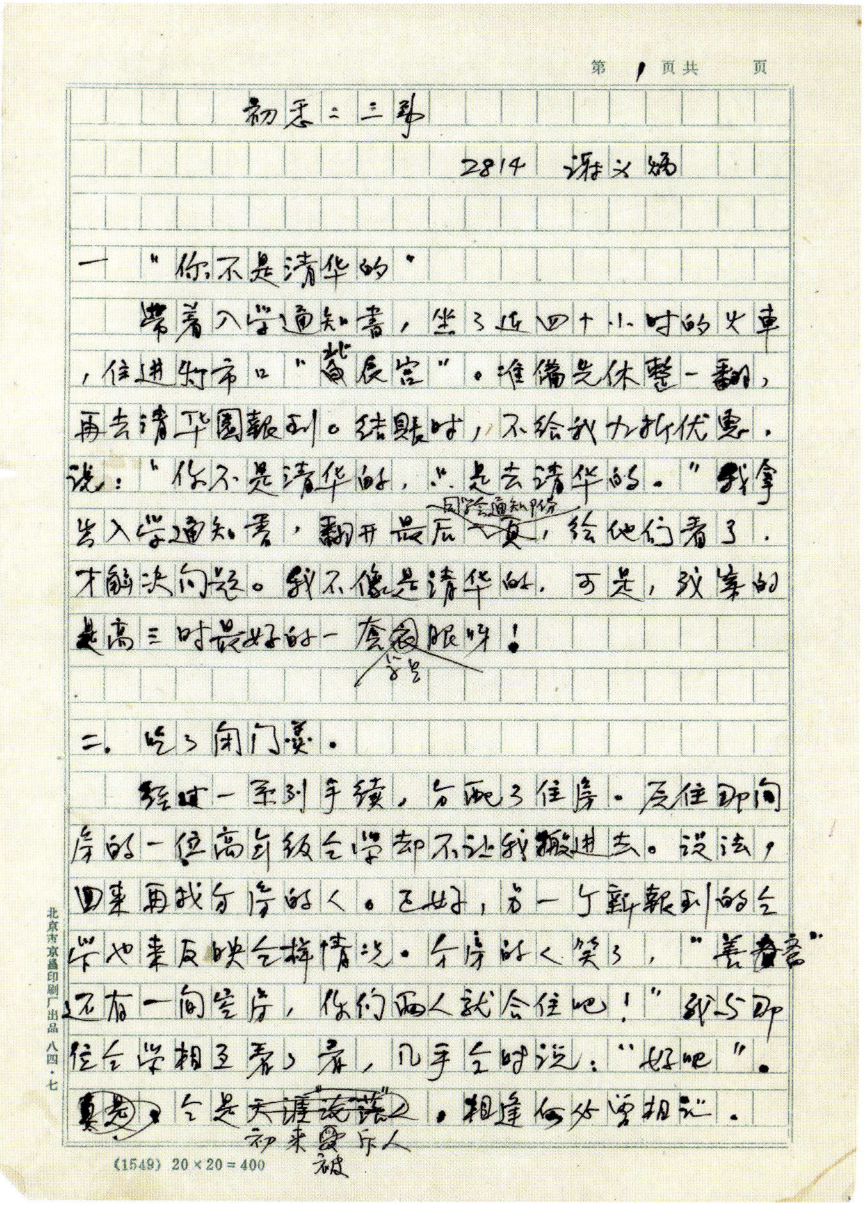
第 1 页共 页

初来二三事

2814 谢义炳

一 "你不是清华的"

带着入学通知书，坐了近四十小时的火车，住进珠市口"北辰宫"。准备先休整一番，再去清华园报到。结账时，不给我九折优惠，说："你不是清华的，只是去清华的。"我拿出入学通知书，翻开最后一页（同学会通知那份），给他们看了，才解决问题。我不像是清华的，可是，我穿的是高三时最好的一套学生服呀！

二、吃了闭门羹。

经过一系列手续，分配了住房。原住那间房的一位高年级同学却不让我搬进去。说法："回来再找分房的人。"正好，另一个新报到的同学也来反映同样情况。分房的人笑了，"姜斋还有一间空房，你们两人就合住吧！"我与那位同学相互看了看，几乎同时说："好吧"。同是初来被斥人，相逢何必曾相识。

(1549) 20×20=400

北京市京画印刷厂出品 八四·七

手稿

不是清华的，只是去清华的。”我拿出入学通知书，翻开最后同学会通知部分，给他们看了，才解决问题。我不像是清华的，可是，我穿的是高三时最好的一套学生服呀！

二、吃了闭门羹

经过一系列手续，分配了住房。原住那间的一位高年级同学却不让我搬进去。没法，回来再找分房的人。正好，另一个新报到的同学也来反映同样情况。分房的人笑了：“善斋还有一间空房，你们两人就合住吧！”我与那位同学相互看了看，几乎同时说：“好吧。”同是初来被斥人，相逢何必曾相识。

后来才知道他是由辅仁大学转学入历史系二年级的，叫刘广秋。与文科高一班的同学朝夕相处，使我这个有强烈理工科思维倾向的人，获益匪浅。我们相处得很好，第二年同搬平斋前排三楼。七七事变后，各奔东西。1939 年曾在昆明见过一面。最近由年级纪念刊，才查到，他浪迹东南亚，现退休定居美国。遥祝他晚境康乐。但愿人长久，万里共婵娟。

三、被浇了一瓢冷水

进入清华，志得意满。不免写了一封长信把图书馆阅览室的大书架、大窗子、小桥上的路灯，大礼堂前的柱灯、新盖大饭厅的顶灯，少不了早餐的千层糕，中饭的胡萝卜烧猪肉，再加上下午运动后，体育馆的淋浴……尽情地向家里汇报一番。不料父亲回信说：“中国人要想有出息，必须准备滚一身泥巴。少爷小姐的生活方式是不行的。”

五十多年过去了，事实证明老辈人的话是对的。中西文化，新旧思想的交汇、矛盾与斗争中，卷起了多少浊流？在充满了大大小小涡旋的历史洪流中，幸未沉底，也未断肢，却留下了遍体伤痕。

莫枉想：出污泥而不染；

且慰藉：法乎上者得乎中。

瞻首望苍穹，时空无垠。人类文明来自何方，现在何处，走向何方？

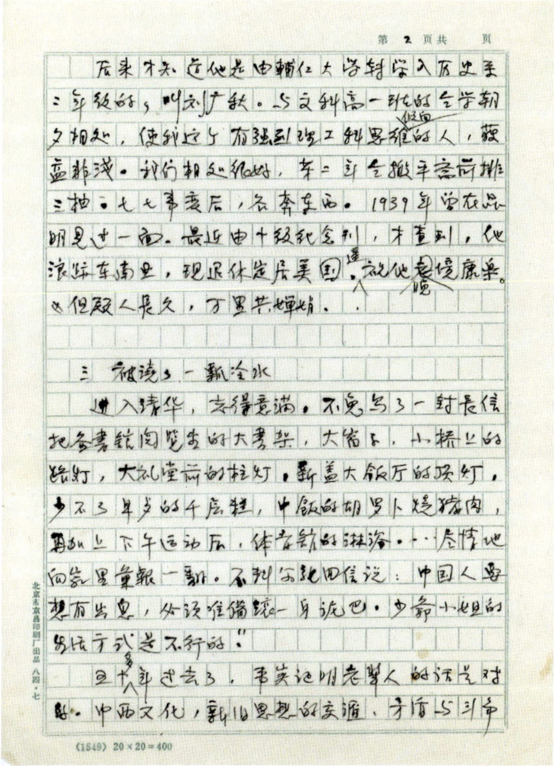

第 2 页共 页

后来才知道他是由辅仁大学转学入历史系二年级的，叫刘广秋。与文科高一班的全学朝夕相处，使我这个有强烈理工科思维偏向的人，获益非浅。我们相处很好，第二年全搬平斋前排三抽。七七事变后，各奔东西。1939年曾在昆明见过一面。最近由十级纪念刊，才查到，他浪迹东南亚，现退休定居美国。遥祝他老境康乐。但愿人长久，千里共婵娟。

三 被浇了一瓢冷水

进入清华，志得意满。不免写了一封长信把图书馆阅览室的大书架，大楼上、小桥上的路灯，大礼堂前的柱灯，新盖大饭厅的顶灯，少不了早点的千层糕，中饭的胡萝卜烧猪肉，再加上下午运动后，体育馆的淋浴……尽情地向家里汇报一翻。不料父亲回信说：中国人要想有出息，必须准备练一身泥巴。少爷小姐的生活方式是不行的！”

五十多年过去了，事实证明老辈人的话是对的。中西文化，新旧思想的交汇、矛盾与斗争

(1549) 20×20=400

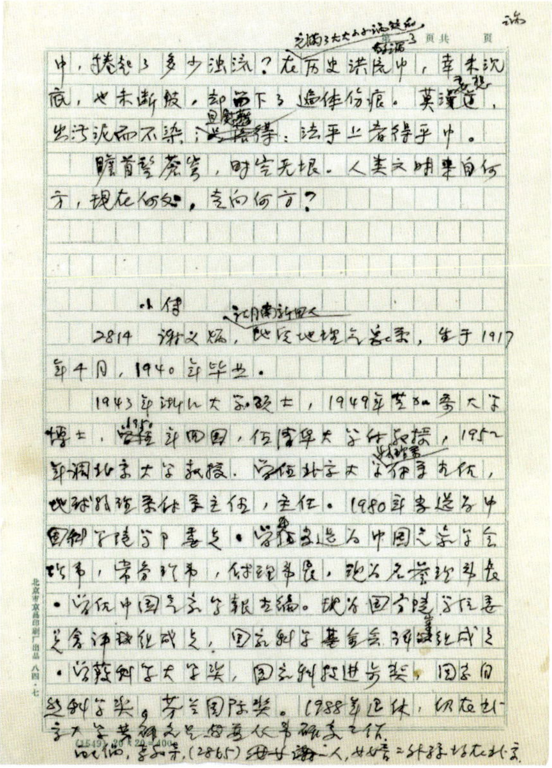

第 3 页共 页

中，卷起了多少浊流？在历史洪流中，幸未沉底，也未断肢，却留下了遍体伤痕。莫道是出污泥而不染；[illegible]。

瞻首望苍穹，时空无垠。人类文明来自何方，现在何处，走向何方？

小传

2814 谢义炳，湖南新田人，地质地理气象系，生于1917年4月，1940年毕业。

1943年浙江大学硕士，1949年芝加哥大学博士，1950年回国，任清华大学副教授，1952年调北京大学教授。曾任北京大学物理系副系主任，地球物理系副系主任，主任。1980年当选为中国科学院学部委员。曾当选为中国气象学会理事，常务理事，副理事长，现为名誉理事长。曾任中国气象学报主编。现为国务院学位委员会评议组成员，国家自然科学基金会评审组成员。曾获科学大会奖，国家科技进步奖，国家自然科学奖，芬兰国际奖。1988年退休，仍在北京大学带研究生并从事研究工作。配偶，李孝芳（2865），女一人，女婿、二外孙均在北京。

(1549) 20×20=400

手稿

附：给清华校友会写的小传

2814 谢义炳，湖南新田人，地质地理气象系，生于 1917 年 4 月，1940 年毕业。

1943 年浙江大学硕士，1949 年芝加哥大学博士。1950 年回国，任清华大学副教授，1952 年调北京大学教授。曾任北京大学物理系副系主任，地球物理系副系主任、主任。1980 年当选为中国科学院学部委员。曾当选为中国气象学会理事、常务理事、副理事长，现为名誉理事长。曾任《气象学报》主编。现为国务院学位委员会评议组成员，国家科学基金会评审组成员。曾获科学大会奖，国家科技进步奖，国家自然科学奖，芬兰国际奖。1988 年退休，仍在北京大学带研究生并从事研究工作。

配偶，李孝芳（2865），女一人，女婿、二外孙均在北京。

1990　大气科学中具有自然哲学含义的基础理论

此手稿写在中国科学院大气物理研究所便笺上。可能是科学界高层讨论会的正式发言提纲，但每页都有亲笔签名，似拟作为正式文档保存。文字虽然不多，但对大气科学的发展提出了具有纲领性的意见。文中从哲学的高度归纳的大气科学发展的四次重大突破显示出谢义炳深邃的科学思想。

《大气科学中具有自然哲学含义的基础理论》

北京大学地球物理系　谢义炳

1. 我国大气科学的现状

我国现代大气科学是竺可桢先生播种的，涂长望先生奠定了大气科学的物质基础——台站网建设，赵九章先生引进了数学物理与新技术。六十余年来的物力人力的积累，已跻身于国际先进行列。

但是受到三个方面的制约：

（1）经济与基础工业的制约，如经费、电子技术、通讯等；

（2）思想上的（西方标准）简单追随西方学者提出的概念和理论的倾向；[1]

（3）科学思维的保守性。

第（1）方面我们只能争取。

第（2）第（3）方面是联系在一起的，我们现在可以想法突破。

[1] 编者注：后半句笔迹不同，像是事后修改补充。

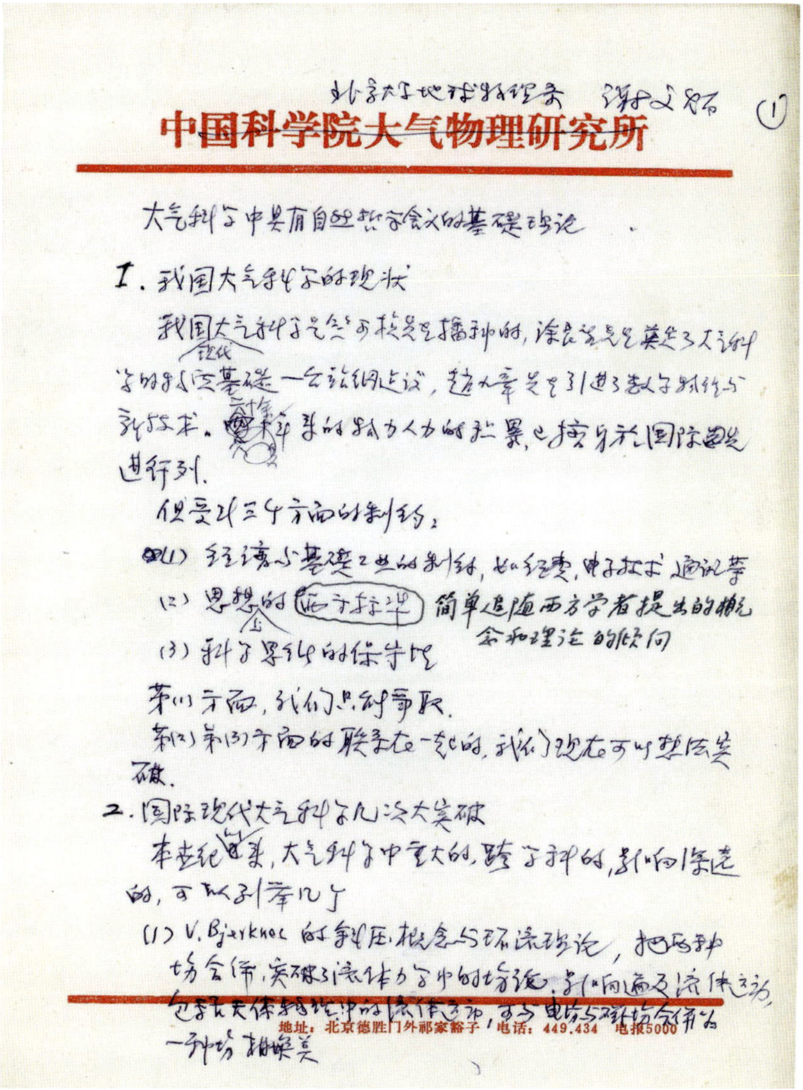
北京大学地球物理系 谢义炳 ①

中国科学院大气物理研究所

大气科学中具有自然哲学含义的基础理论

1. 我国大气科学的现状

……

2. 国际现代大气科学几次大突破

本世纪以来，大气科学中重大的、跨学科的、影响深远的，可以列举几个

(1) V. Bjerknes 的斜压概念与环流理论，把两种场合并，突破了流体力学中的场论。影响遍及流体运动，包括天体物理中的流体运动，可与电场与磁场合并为一种场相媲美

地址：北京德胜门外祁家豁子，电话：449,434 电报5000

部分手稿

2. 国际现代大气科学几次大突破

本世纪以来，大气科学中重大的、跨学科的、影响深远的，可以列举几个：

（1）V. Bjerknes 的斜压概念与环流理论，把两种场合并，突破了流体力学中的场论。影响遍及流体运动，包括天体物理中的流体运动，可与电场与磁场合并为一种场相媲美。

（2）Richardson 的逐步积分，推动了电子计算机的发展，其影响是人所共知的。

（3）Rossby 的适应过程，把自然界只有物质和物质的运动，质量分布是在运动中形成的自然哲学观点，具体化用于大气宏观运动，影响遍及流体宏观运动，如海洋学等，也影响了天体宏观运动的研究。

（4）Lorenz 的奇怪吸引子与混沌等，是近二十年来的自然科学的重大突破，冲击了所有自然科学，并冲击社会科学。

3. 我们的对策

对落后状态的气愤是不够的，要采取必要的措施。我们应当不满足于完成具体任务，也不能满足于跟上（国际水平），我们要想法超前、领先。我们应当：

鼓励主战场的同志们在完成任务时，把成果提炼成带有自然哲学含义的结论；

组织一批有思想的，而又摆不进主战场的中青年同志从事大气科学中的有自然哲学含义的课题研究。每年举行一次交流会，也欢迎主战场的带头人参加讨论。百家争鸣，求同存异，共同为我国的大气科学发展负责。

20 世纪 90 年代初大气科学基础研究发展战略研讨会
第一排右五曾庆存，右七起谢义炳、邹竞蒙、叶笃正、陶诗言、温克刚、章其嘉

1990 中国降水过程和湿斜压天气动力学

此手稿为报送国家自然科学奖的项目摘要。用极其精炼的文字介绍了研究源流和主要学术成果。从笔迹看是由谢义炳和陈受钧共同撰写，陈受钧最后执笔誊清。

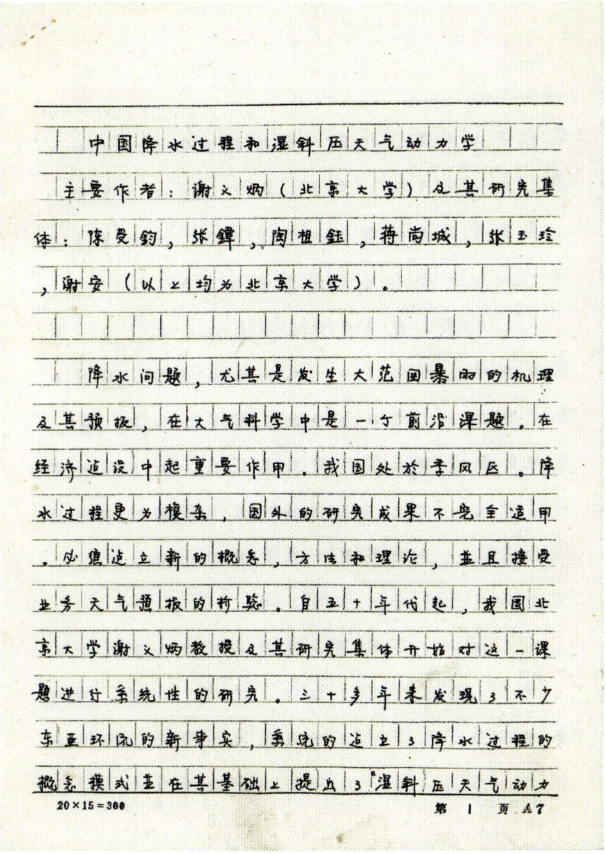

中国降水过程和湿斜压天气动力学

主要作者：谢义炳（北京大学）及其研究集体：陈受钧，张镡，陶祖钰，蒋尚城，张玉玲，谢安（以上均为北京大学）。

降水问题，尤其是发生大范围暴雨的机理及其预报，在大气科学中是一个前沿课题。在经济建设中起重要作用。我国处於季风区。降水过程更为复杂，国外的研究成果不完全适用。必须建立新的概念，方法和理论，并且接受业务天气预报的检验。自五十年代起，我国北京大学谢义炳教授及其研究集体开始对这一课题进行系统性的研究。三十多年来发现了不少东亚环流的新事实，系统的建立了降水过程的概念模式並在其基础上提出了"湿斜压天气动力

20×15=300　　第 1 页 A7

《中国降水过程和湿斜压天气动力学》

主要作者：谢义炳（北京大学）及其研究集体：陈受钧，张镡，陶祖钰，蒋尚城，张玉玲，谢安（以上均为北京大学）。

降水问题，尤其是发生大范围暴雨的机理及其预报，在大气科学中是一个前沿课题。在经济建设中起重要作用。我国处于季风区，降水过程更为复杂，国外的研究成果不完全适用。必须建立新的概念、方法和理论，并且接受业务天气预报的检验。自五十年代起，我国北京大学谢义炳教授及其研究集体开始对这一课题进行系统性的研究。三十多年来发现了不少东亚环流的新事实，系统的建立了降水过程的概念模式并在其基础上提出了“湿斜压”天气动力学的理论体系，取得一系列国际领先水平的成果，是从天气动力学根部创立的一个分支学科。其成果广泛为国内外学者引用。他们主要在下列五个方面作出了创造性的贡献：

（1）发现东亚多层锋区与急流分支。这一事实的发现，澄清了四十年代欧美气象工作者发现极锋南上空强斜压性缺乏解释的问题。第一次把副热带锋及副热带急流放在了一个坚实的观测基础上。对大气环流的研究有重要的理论与实际意义，很快得到各国学者的承认。这一工作早于日本气象工作者两年。

（2）建立了系统的东亚降水过程的概念模式。研究了我国季风、梅雨、冷涡、冷锋、暖锋和台风等产生降水的环流系统的特征、结构与演变。经过三十年的实际考验证明模式是正确的。

在研究中独创地采用了以湿度和温度要素合并的假相当位温代替温度要素用于天气尺度分析。由此揭示出降水系统中很多新特征。（这一方法后来被发展成“能量学方法”在全国气象系统中广泛应用。）

（3）热带环流与台风的研究。首先分析出西太平洋台风绝大部分发生在赤道辐合带上的事实，领先于美国四年。着重研究了赤道西风在台风发生中的重要作用，理论上研究了切变气流的稳定性问题，做到发现的事实与理论解释的结合。对西太平洋台风研究开辟了一个新的方向。

对台风移动规律的研究，指出台风沿所在厚度的平均风速运动。领先于美国十四年。有重要实际意义。

发现了热带季风系统有显著的低频运动，并与台风发生有明显的关系。比国际上类似工作早八年。目前低频运动的研究已成为国际当前热带环流研究的重要课题。

（4）建立了中低纬度环流系统相互作用的概念模式。得到“相互作用”是暴雨过程的主要机理之一的结论。概括了四十年代末期传统天气分析和六十年代以来卫星气象分析的观测事实，改变了传统的降水研究工作中分别考虑中纬度环流系统和低纬度环流系统的观点与方法。最近美国、法国开始研究的所谓“水汽爆发”就是按这方向走的。这一突破在暴雨研究上有重要的理论与实践意义。

（5）建立“湿斜压天气动力学”的理论体系。明确了水汽在天气尺度过程中的重要作用。由此得到一系列新概念：如湿斜压、湿力管、湿有效位能、湿急流和湿斜压不稳定等。其中除湿有效位能与美国同时提出外，其他早于英国两年、美国四年。该理论成功地解释了暴雨过程中的一系列观测事实，如低空急流的形成、暴雨系统的尺度等，并得到诊断分析和数值模拟试验的支持。湿斜压理论把本世纪初发展起来的干斜压理论推进到一个新的阶段。

上述第（4）（5）项的理论结果于 1978 年后广泛应用于北方 13 省市和部分南方省市气象业务系统，取得良好效果。

总的说来，上述五项主要成果是针对我国迫切需要解决的暴雨预报问题而进行的降水过程研究，发现了重要的观测事实，建立了新的天气尺度过程的概念模式和理论体系。由此得到了实际暴雨预报的观点、方法。确定了我国降水过程研究与降水预报业务处于国际领先水平的位置。

主要论文目录

① Hsieh, Yi-Ping and Yu-Chen, 1951: On the wind and temperature fields over Western Pacific and eastern Asia in winter. Jour. Chinese Geo. Soc., 2-3, 279-297.

（谢义炳，陈玉樵，1951: 西太平洋及东亚大陆在冬季上空的流场及温度场。中国地球物理学报，2-3, 279-297.）

② 谢义炳，1956：中国夏半年几种降水天气系统的分析研究。气象学报，27-1, 1-23.

③ 谢义炳，陈秋士，1956: 斜压大气中涡旋运动方程及其在天气预报中的应用。气象学报，27-4, 283-305.

④ 谢义炳，陈受钧，张一良，黄寅亮，1963：东南亚基本气流与台风发生的一些事实的统计与分析。气象学报，33-2, 206-217.

⑤ 谢义炳，张谭，蒋尚城，1977：初论西风带和热带辐合带环流系统的相互作用。大气科学，4, 132-137.

⑥ 谢义炳，1978：湿斜压大气的天气动力学问题。暴雨文集，吉林科技出版社，1-15.

⑦ Xie Yibing, 1984: Observational and theoretical studies of the moist baroclinic atmosphere. Advances in Atmos. Sci., 1-2, 141-149.

（谢义炳，1984：湿斜压大气的观测与理论研究。大气科学进展，1-2, 141-149.）

⑧ 陶祖钰，1980：湿急流的结构及形成过程。气象学报，38-4, 331-340.

⑨ 陈受钧，谢安，1981：次天气尺度与天气尺度系统间动能交换的诊断分析。气象学报，39-4, 408-415.

⑩ 张玉玲，1981：暴雨与次天气尺度扰动和低空急流的生成。气象学报，39-3, 257-266.

1990—1992 与莱维斯的往来信函四封[1]

第一封：1990 年 10 月 9 日莱维斯致谢义炳的信

亲爱的谢义炳教授：

我是美国国家强风暴实验室的一位科学家。我从未见过您，但我知道您的工作。六十年代我也是芝加哥大学的一名研究生，我的导师是您的同学 George Platzman。我现在正在指导三名来自中国的学生，李勇、包建文和陆勤富。他们都是很好的学生，我很高兴指导他们。

此外，在我的气象研究中，还对科学的历史感兴趣，特别是研究科学中的导师制[2]。特别是研究三十年代至五十年代气象学的两位领导人物，Carl Gustarf Rossby（罗斯贝）和 Sigekata Syono。我附了一封写给 George Platzman 的信，其中概要地说明我研究这个问题的兴趣所在。

我知道 1949 年您在罗斯贝指导下的论文题目是《一个北美冷涡的个例研究》。我希望能了解您关于随罗斯贝学习的以下几个情况：

（1）是什么导致您来到美国随罗斯贝学习的？

（2）能否告诉我罗斯贝作为一位科学类学科导师有哪些特点，至少从您个人的观点来看？

（3）你的论文题目是如何决定的？

（4）在研究生学院时，对您影响较大的科学家或教师是谁？

据我所知，您是你们国家气象学方面最了不起的导师之一，我想知

[1] 1990—1992 年，谢义炳和美国国家强风暴实验室首席科学家莱维斯（John Lewis）之间往来的四封信。

[2] 也可译为师徒关系，或传承关系。

道您自己在科学导师制方面的哲学思考。

我真诚地希望能有机会与您见面。

真诚地

John Lewis

气象研究团队首席科学家

又：如果您能给我一张您在研究院时和罗斯贝的照片，我将十分感激。

第二封：1990 年 11 月 8 日谢义炳给莱维斯的回信

亲爱的莱维斯博士：

谢谢您 1990 年 10 月 9 日给我的信。我非常高兴重新回忆过去的老时光并回答您信中所提的问题。

问题（1）的回答：

我是作为美国为第二次世界大战同盟国设立的一年期技术培训计划的中国十人气象专家组成员之一赴美的。它是美国租借法案的一部分。美国气象局计划安排我们半年在芝加哥大学学习大学课程，半年在气象台实际工作。

我们于 1945 年 6 月离开中国，在印度花了两个月等船，于 1945 年 9 月 3 日抵达纽约。8 月 15 日日本投降时，我们正航行在印度洋上。

在华盛顿特区的美国气象局经过两周初步训练后，我们都被送往芝加哥大学。第二天早晨，斯塔（Victor Starr）教授，当时他是助教，打电话到国际公寓通知我们，罗斯贝教授将在他的家里为我们举办欢迎派对，介绍系里的成员。

问题（2）的回答：

我在大学最后一年，1940 年，曾经系统地阅读过 MIT 的论文集。罗斯贝是文集的主编。当然，我那时并不能完全理解他的科学思路。但我确实非常希望知道，将来能否在他的指导下学习。1946 年 3 月底我离开芝加哥去华盛顿特区在 N. Namias（纳米阿斯）领导的中期预报组参加几个月的工作。我们的其他气象专家则被分配到美国气象局的不同部门。

1946 年 9 月，我以研究生身份回到芝加哥大学。罗斯贝为我安排了一份助理员的工作。他对我的研究生工作并未作出具体的建议。他只是让我按自己的方式去努力。

罗斯贝给我的印象是他不仅是一个科学家，而且也是一个伟大的教师和哲学家。他的钢琴弹得非常好，像一个专业音乐家。1948 年，他带全家回瑞典，但他花了几个月住在芝加哥国际公寓。我们常常在密歇根湖游泳，在湖边到国际公寓之间的小饭店吃晚饭。这给我机会去了解罗斯贝的哲学思想并试图追随他。

问题（3）和（4）的回答：

1947 ～ 1948 年，帕尔曼是芝加哥大学的资深访问教授。帕尔曼成功地把卑尔根学派的研究工作和芝加哥学派联结起来。他使芝加哥学派的工作扩大到世界范围。

帕尔曼发现了冷涡后，我试图找出它的结构和生命史。最后，我将我的手稿交给罗斯贝和帕尔曼。他们同意将这个手稿作为我的学位论文。

罗斯贝曾经问过我是否愿意访问瑞典。那时正值中华人民共和国成立的前夜，我觉得最好还是继续待在芝加哥做博士后的研究工作，等待局势明朗化。1950 年夏后不到两个月，我回到了天津。

从 1950—1978 年，我和外国朋友之间没有联系。但我阅读了所有的美国和欧洲的科学期刊。我在过去四十年的教育和科学研究工作，主要是追随罗斯贝和帕尔曼。

我不敢声称我有自己的哲学思想。在罗斯贝和帕尔曼教授之外，我非常欣赏伽利略和爱因斯坦。伽利略说，任何人都不可能完全了解自然，但每一个人都可为认识自然作出一点贡献。爱因斯坦说，科学是人类理性和自由思考的结果。对我而言，这就是我与帕尔曼和罗斯贝的师生传承关系。非常有意思的是，这种师生关系在古代中国和古代希腊的哲学家也都已经提出来了。

我非常希望有一天我们能在某地见面，交换彼此对文化和自然发展的观点。

致以诚挚的祝愿

谢义炳

教授（退休），科学院院士

北京大学地球物理系

中国，北京 100871

第三封：1991年4月18日谢义炳收到莱维斯的回信[1]

亲爱的谢教授：

您的信的价值无法估量。您在回信中详细描写的赴美旅程以及对罗斯贝和帕尔曼的基本描述都非常令人感动。非常高兴您像对罗斯贝一样详细地描述了帕尔曼，从而使得帕尔曼和 Victor Starr 在 40 年代对芝加哥导师制的成就也起了决定性的影响，这个基本事实变得更清晰了。

如同我和来自中国的年轻科学家谈起的，在以往的那十年里我是和一些多么值得尊敬的人一起工作。我相信您的工作将会是您作为一个世界上伟大科学家的标志。您无愧于导师罗斯贝和帕尔曼。

莱维斯

气象研究团队首席科学家

[1] 此信写于论文《卡尔·古斯塔夫·罗斯贝——对其导师制的研究》完成前夕。该论文的译文登载在2014年《气象科技进展》4（6）：95–105。翻译：尹仔锋，译校：沙天阳（译自 Bull Amer Meteor Soc, 1992, 73: 1925–1439）。

又：我写的稿子已接近完成，我将送您一份手稿的副本（希望在年底前可完成）。

U.S. DEPARTMENT OF COMMERCE
National Oceanic and Atmospheric Administration
ENVIRONMENTAL RESEARCH LABORATORIES
National Severe Storms Laboratory
1313 Halley Circle
Norman, OK 73069

April 18, 1991 R/E/NS

Professor Yi-Ping Hsieh
Department of Geophysics
Beijing University
Beijing
Peoples Republic of China

Dear Professor Hsieh:

Your letter concerning Rossby was priceless. The details of your travel to the USA, and ultimate association with Rossby and Palmén, were exciting. I'm glad you elaborated on Palmén as well as Rossby because it becomes increasingly clear that both Palmén and Victor Starr were influential colleagues who also played roles in the mentoring process at Chicago in the 40s.

As I speak with the young Chinese scientists with whom I've had the privilege to work these past 10 years, they hold you in high esteem. I believe your work in utter obscurity from the rest of the world is a hallmark of your greatness as a scientist--you marched onward to your own drum and with the memory of your mentors Rossby and Palmén.

Cordially,

John Lewis

John M. Lewis, Chief
Meteorological Research Group

P.S. I will send you a copy of the manuscript when it nears completion (hopefully, by year's end).

第三封信原件

第四封：1992 年 1 月 18 日谢义炳写的回信[1]

亲爱的莱维斯博士：

1991 年 8 月 26 日您的信和罗斯贝《导师制》的手稿收到。非常高兴读到您对这个世纪我们这个学科的伟大人物的生动描述。

我想提供一些信息供您考虑。我曾见过罗斯贝在 1948 年春末绘制的漂亮的等熵面分析。仅仅用 20 条流线就清楚地刻画出北美上空的大气运动。

罗斯贝对天气图分析的修改给我留下了非常深刻的印象。

罗斯贝可能是（第二次世界大战）战前和战后最困难的 30 年内我们这个学科的无冕领袖。罗斯贝的主要关切点是从战略高度考虑大气科学和海洋科学的发展。他使得他的合作者及其他部门成员都关心科学问题。

诚挚地

谢义炳

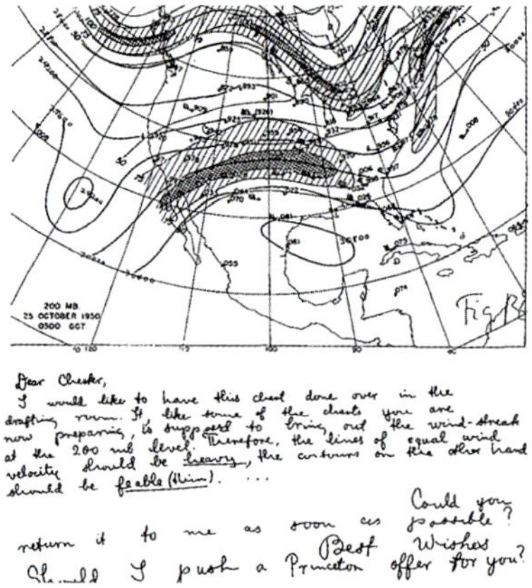

《导师制》一书所附的流线图

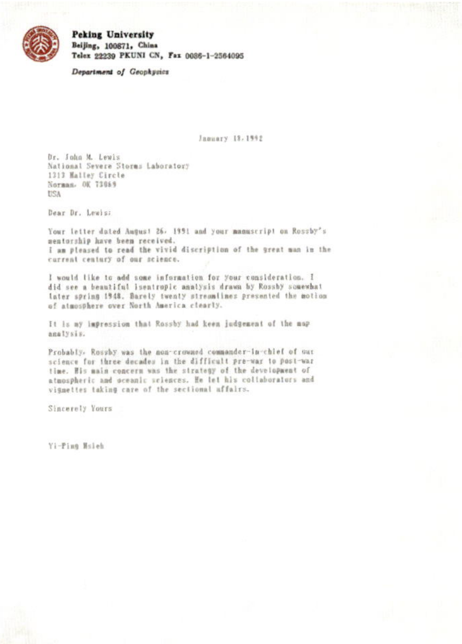

Peking University
Beijing, 100871, China
Telex 22239 PKUNI CN, Fax 0086-1-2564095

Department of Geophysics

January 18, 1992

Dr. John M. Lewis
National Severe Storms Laboratory
1313 Halley Circle
Norman, OK 73069
USA

Dear Dr. Lewis:

Your letter dated August 26, 1991 and your manuscript on Rossby's mentorship have been received.
I am pleased to read the vivid discription of the great man in the current century of our science.

I would like to add some information for your consideration. I did see a beautiful isentropic analysis drawn by Rossby somewhat later spring 1948. Barely twenty streamlines presented the motion of atmosphere over North America clearly.

It is my impression that Rossby had keen judgement of the map analysis.

Probably, Rossby was the non-crowned commander-in-chief of our science for three decades in the difficult pre-war to post-war time. His main concern was the strategy of the development of atmospheric and oceanic sciences. He let his collaborators and vignettes taking care of the sectional affairs.

Sincerely Yours

Yi-Ping Hsieh

第四封信原件

[1] 回复此信时谢义炳正在病中，1991 年时进行了手术。

1991　给扬中校友会的回信及《忆扬中》文稿

给扬州中学校友会的回信

校友会：

我今年春因长期胃溃疡癌变，幸发觉早，动了胃切手术。七十四岁的人了，不是小事，系里对我进行了保护性隔离措施。现初步康复，但身体还虚弱。

生病期间，我仿佛看到母校来信征集题词。我多年不用毛笔，又无宣纸，写了几个字表示我的思想感情。是否用，能否用，请你们裁决。

敬礼

谢义炳

一九九一、十一、十二

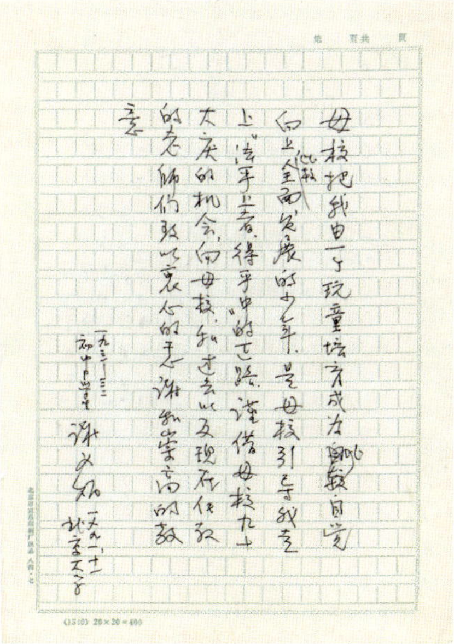
母校把我由一个玩童培育成为一个自觉向上、德智体全面发展的少年，是母校引导我走上"读书上进、得乎中"的道路。谨借母校九十大庆的机会，向母校和过去以及现在任教的老师们致以衷心的感谢和崇高的敬意

一九三一—三三初中毕业生 谢义炳 一九九一、十一 北京大学

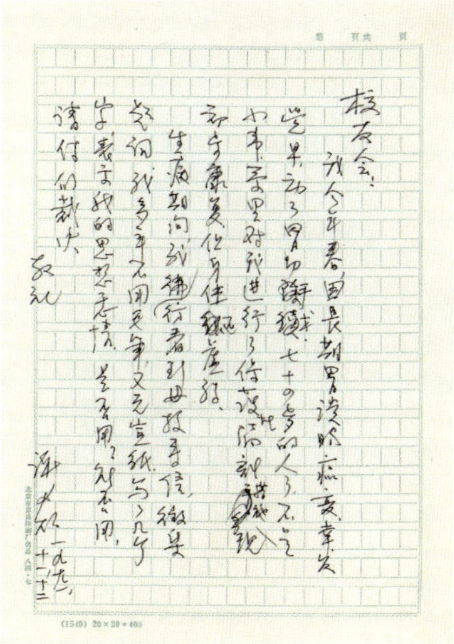
校友会：

我今年春因长期胃溃疡癌变，幸发觉早，动了胃切手术。七十四岁的人了，不是小事，系里对我进行了保护性隔离措施。现初步康复，但身体还虚弱。

生病期间，我仿佛看到母校来信征集题词。我多年不用毛笔，又无宣纸，写了几个字表示我的思想感情。是否用，能否用，请你们裁决

敬礼

谢义炳 一九九一、十一、十二

回信手稿

《忆扬中》是谢义炳应母校扬州中学之约写的回忆，在垂暮的患病之年仍在反思教育思想。感叹在北大任教40年，自愧有负母校扬州中学“教书育人”的教导。“年纪大了，又做了几十年教师，最近才体会到朱老师那种教育的高尚宽容的内涵，可惜我始终没有学会。我对我的学生是太严格了，至少口头上如此。”

《忆扬中》

一、同窗情谊重，师教风范长

我住江之头，君居江之尾。我，出生（在）湖南湘江上游一个支流上小城的青少年，考入江苏省立扬州中学，也算是一种留学吧！我虽然在上海、南京读过高小和初中，还没有“二分明月，高涌海东头”那种清逸儒雅的风韵。高一时期，同学们间有叫我为湖南蛮子的。一次教化学的朱自吾先生，在教室中替我平了反，单独点名地说我刚直豪爽。我惊讶之余，毫无反应。年纪大了，又做了几十年教师，最近才体会到朱老师那种教育的高尚宽容的内涵，可惜我始终没有学会。我对我的学生是太严格了，至少口头上如此。

二年以后，与同学们逐渐融洽。这是吴楚文化的汇合？本是同根生，共饮一江水。

二、教书育人，首先要了解人

报到时，一位教导处的年青干事，不等我讲话，就叫出我的名字，并把对我的安排，一一交代。“他怎么认识我的？”后来才知道，在我们被录取后，他就把我们所有新同学的像片、姓名……等都一一背熟了。在我印象中，上自校长、教师和职工都不仅能叫出我们的姓名，还了解我们的性格、习惯和学习成绩。高中部每级四个班，每个班五十名学生，共有五百人呀！

扬州中学人才辈出，学校了解学生，因材施教是否是一个重要因素？

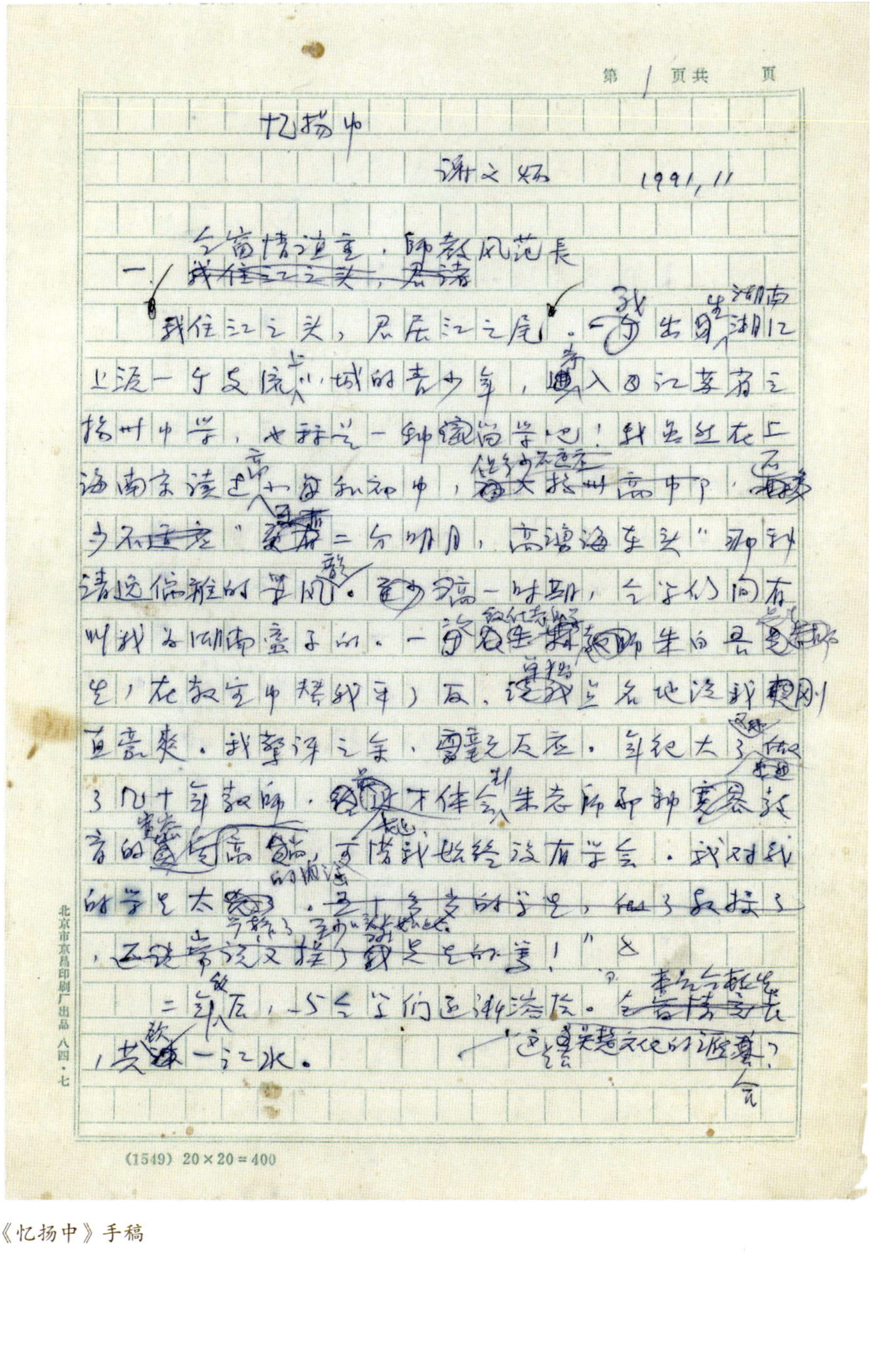

第 1 页共 页

忆扬中

谢文炳 1991,11

一、今宵情泪重，师教风范长

我住江之头，君居江之尾。[illegible]

[illegible]

(1549) 20×20＝400

北京市京昌印刷厂出品 八四·七

《忆扬中》手稿

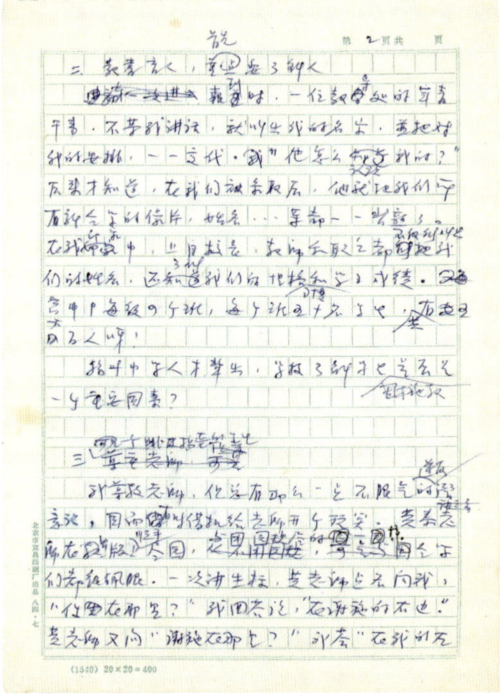

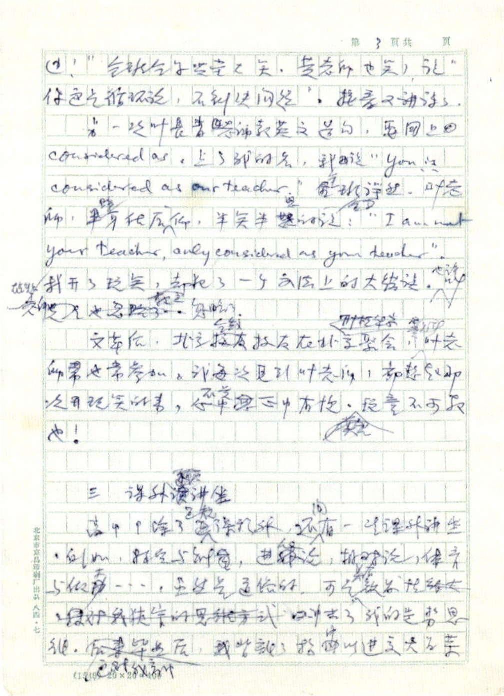

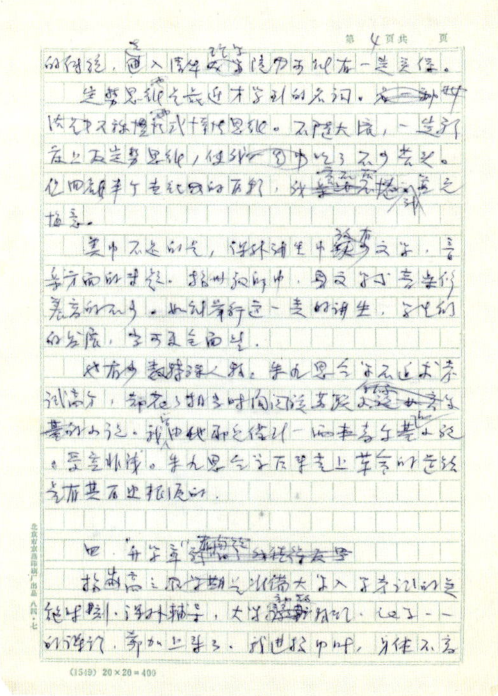

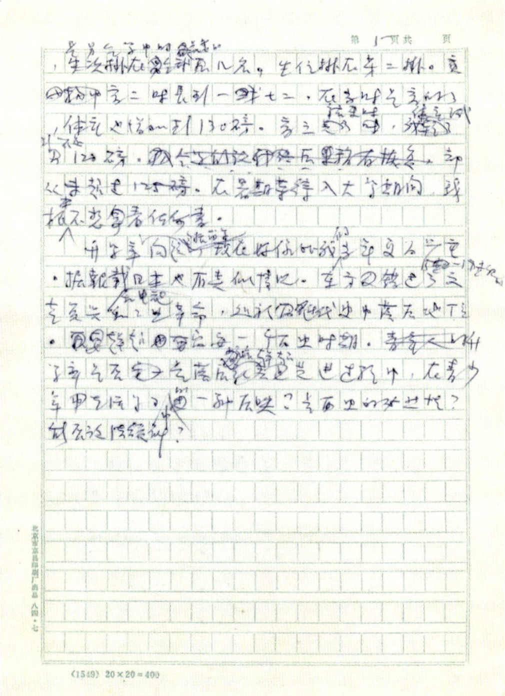

扬州中学校景

三、一个调皮捣蛋的学生

我尊敬老师，但总有那么一点不服气逆反的潜意识，因而有时借机会给老师开个玩笑。黄秦老师在黑板上顺手画圆，与用圆规画的一样，同学们都很佩服。一次讲坐标，黄老师点名问我：“你在哪里？”我回答说：“在谢施的右边。”黄老师又问：“谢施在哪里？”我回答：“在我左边！”全班同学哄堂大笑。黄老师也笑了，说：“你这是循环论，不解决问题。”接着又讲课了。

另一次，叶长青老师教英文造句，要用上 considered as，点了我的名，我说：“You considered as our teacher.”全班同学愕然，叶老师身体向后一仰，半笑半怒地说："I am not your teacher, only considered as your teacher." 我开了玩笑，却犯了一个文法上的大错误。

"文革"后，北京同级校友在北京聚会，叶老师也常参加。我每次见到叶老师，都想起那次开玩笑的事，不觉心中有愧，顽童不可教也！

四、课外讲座

高中部除了正规课程外，还间有一些课外讲座。例如，物质与能量、进化论、相对论，体育与做功……虽然是通俗的，可是具有启发性，冲击了我的定势思维。这对我高中毕业后，背离了扬中以进交大为荣的传统，选入清华理学院可能有一定关系。

定势思维也是最近才学到的名词。又称惯性式思维。不随大流，一定程度上反定势思维，使我吃了不少苦头。但回顾半个世纪的历程，我并无悔意。

美中不足的是，课外讲座中没有文学、音乐方面的专题。扬中教师中，文学与音乐修养高的不少。如能举行这一类的讲座，学生们的发展，当可更全面些。

也有少数特殊人物：朱九思同学不追求考试高分，却花了相当时间阅读苏联高尔基的小说。我曾由他那儿借到一两本高尔基的小说。受益非浅。朱九思同学后来走上革命的道路是有其历史根源的。

谢义炳在扬州中学足球队（前排中）

谢义炳在北大教工足球队（前排左一，时年 38 岁）

五、“升学率”

扬中高三是准备大学入学考试的关键时刻，课外辅导，大学初级物理、化学……的课程都加上来了。我进扬中时，身体不高，是全班同学中的偏矮的几名，座位排在第二排。高二时长到一米七二。在当时是高的了，体重也增加到 130 磅。高三结束时，体重减到 120 磅。在暑期等待入大学期间，我根本不想看任何书。

升学率，包括留学问题，现在好像比我们当年更为严重。据报载和电视报道，日本也有类似情况。东方错过了文艺复兴和工业革命，处于近代史中落后地位。赶超需要一个历史时期。升学率是否是落后赶超先进过程中，在青少年生活学习中的一种反映？是历史的必然性？能否设法缓解？

1992 我与图书馆

此文是谢义炳应邀给一本少儿读物写的。谢先生借此回顾了自己一生读书的三个阶段，从兴趣到工具、到人生社会哲理，简述了他的人生感悟，并寄语下一代。这是最后一篇，或可看作谢先生的遗言，感人至深。

《我与图书馆》

图书是人类文明的一种标志。怎样对待图书，因人而异。同一个人，其对待图书的态度，也因年龄的增长、思想感情、文化修养的增长而有所不同。

我初中上的是一个大学的实验中学，应当说是处于一定文化水平的社会条件下。我当时不满足于课堂教学的内容。寒暑假期间，请求上大学和做助教的大朋友们把我带进大学图书馆。我选读的是一些文学月／季

南京大学仙林新校区校史馆“中央大学示范实验学校校史展”中谢义炳的展板

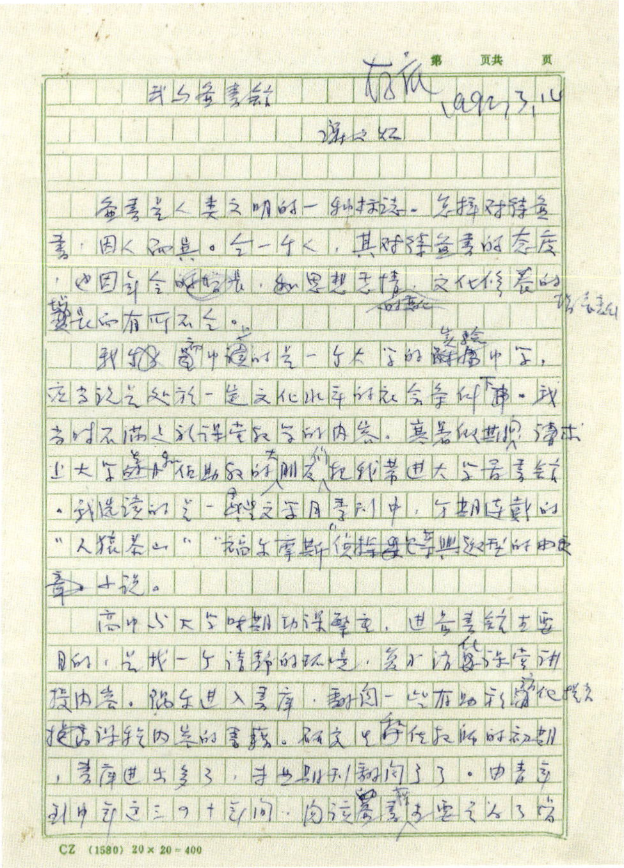
我与图书馆

图书馆是人类文明的一种标志。怎样对待图书馆，因人而异。每一个人，其对待图书馆的态度，也因年龄增长，知识思想感情、文化修养的变化而有所不同。

手稿（一）

刊中，分期连载的“人猿泰山”“福尔摩斯”等兴趣型的小说。

高中与大学时期功课繁重，进图书馆主要目的是找一个清静的环境，复习消化课堂讲授内容。偶尔进入书库，翻阅一些有助于消化提高课程内容的书籍。研究生和做教师的初期，书库进出多了，专业期刊翻阅多了。由青年到中年这三四十年间，阅读书籍主要是为了增进某一专业方面解决问题的能力，以求得在社会上有一立足之地。

进入老年后，回首往事，有许多迷惑不解之处。经常想一些问题：例如，回到少年从头做起，我将如何走？半个世纪过去了，自己到底有哪些做对了，哪些做错了，哪些是正确与错误参半？进入图书馆经常翻阅的是有关历史、社会的书籍。在阅读专业文献时，也不仅限于了解其具体内容，而思索其专业成果出现的历史和社会背景。偶尔阅读小说，也

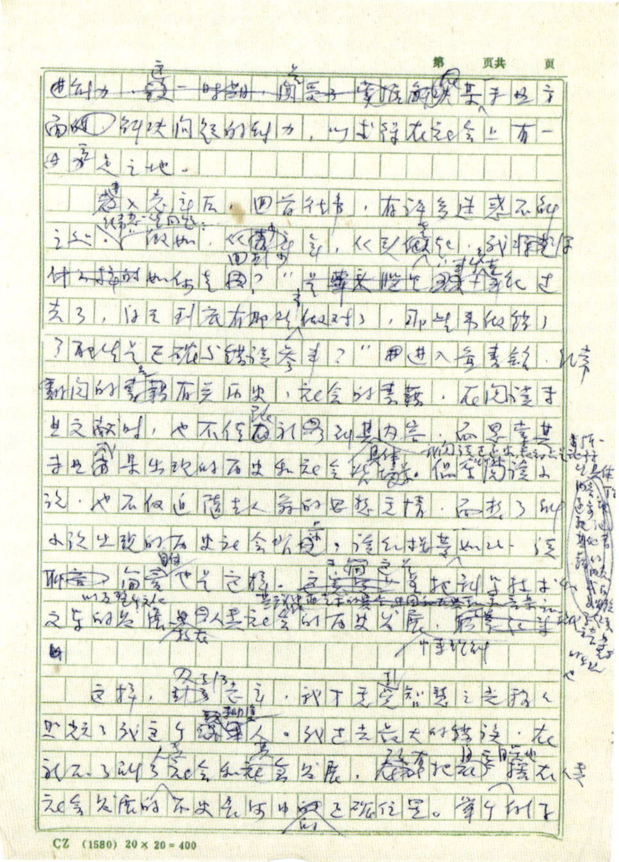
第　　页共　　页

CZ (1580) 20×20=400

手稿（二）

不仅追随主人翁的思想感情，而想了解小说出现的历史社会背景。偶尔阅读小说，也不仅追随主人翁的思想情感，而想了解小说出现的历史社会背景。读《红楼梦》如此，读《简爱自传》也是这样。这是企图把科学技术和文学，以及整个文化的发展放在人类社会的历史发展中来理解。

这样，到了老年，我才感觉到智慧之光稍稍照耀了我这个糊涂人。我过去最大的错误，在于不了解人类社会及其发展，没有把自己自觉地摆在人类社会发展的历史长河的正确位置。举个例子说，解放后，我是向往协心全力搞建设的。我对于一些人宣扬的“马上得之，焉能马上治之”“文景之治”“贞观之治”是有共鸣的。然而，在国内外敌对力量包围下，怎么能够提倡“刀枪入库，马放南山”？怎么能不一手拿枪，一手搞建设？

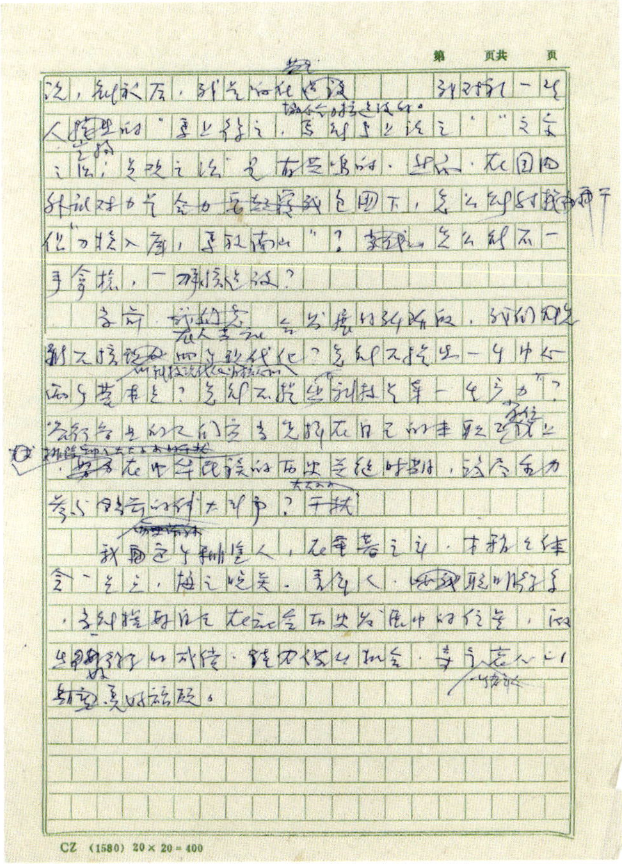

手稿（三）

当前，在人类社会发展的新阶段，我们怎能不搞以科技现代化为核心的四个现代化？怎能不提出一个中心、两个基本点？怎能不提出科技是第一生产力？各行各业的人们应当怎样在自己的本职岗位上、在中华民族的历史关键时期，竭尽全力参与当前的伟大斗争？

我这个糊涂人，在垂暮之年，才稍稍体会一点点，悔之晚矣。青年人聪明得多，当能摆好自己在社会历史发展中的位置，做出好得多的成绩。谨借此机会，寄予一个老年人衷心的美好祝愿。

長相思

黄河流，長江流，
莽莽古神州，
情悠悠，思悠悠，
炎黄子孙志未酬，
中华自有雄魂在，
江河万古流。

第三部分

剪报和资料

1952 马寅初校长的授命信

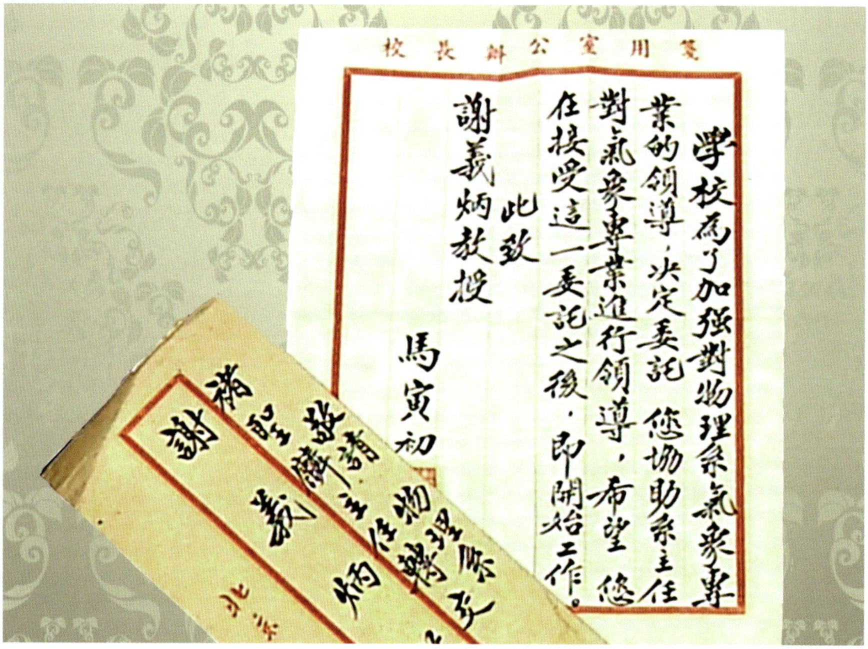

校長辦公室用箋

學校爲了加强對物理系氣象專業的領導，決定委託您協助系主任對氣象專業進行領導，希望您在接受這一委託之後，即開始工作。

此致

謝義炳教授

馬寅初

1952 年马寅初校长授命谢义炳协助褚圣麟主任领导物理系气象专业的信函

1952 年全国高等学校院系大规模调整中，原属清华大学的气象系，面临调入北大后的归属问题。回顾气象学科的发展，在进入 20 世纪后，用物理学理论解决旋转地球大气运动的非线性、非惯性的问题卓有成效，气象学已显示出它物理科学的本质。20 世纪 30 年代末至 40 年代，著名气象学家罗斯贝将数理方法用在探空资料上，推导出著名的大气长波理论，奠定了数值天气预报的理论基础。谢义炳于 40 年代末用涡度方程研究北美高空大气的冷涡旋，提出阻塞形势下切断低压的概念而得到国际上普遍关注，对此更有深的感受。然而直到20世纪中叶，习惯上学界仍把气象学当作描述性的学科，而归于地理学科类。在此院系调整关键时刻，谢义炳竭力主张把气象学科纳入物理系，这主张得到了原清华大学、北京大学、燕京大学的物理系的负责人，著名物理学家叶企孙、周培源和褚圣麟的积极支持，北京大学决定清华大学气象系并入北大物理系，成立气象专业，这是我国气象学高等教育的重大转折。这封马寅初校长的授命书，是这一重大转折的纪念物。

在建立专业初期遇到了教材和师资的不足问题，谢义炳首先请资深物理学家叶企孙教授，讲授专业的课程“大气声、光、电学”，开创了我国大气物理学的先河；请中国科学院数学所庄逢甘研究员开设“流体力学”；请气象专家赵九章和叶笃正主讲“动力气象学”；1955年又邀请苏联专家讲授“动力气象”。请中国科学院的陶诗言、叶笃正、顾震潮等老师指导学生做毕业论文。所开课程使用的教材都是任课教师自己编写的讲义，其中就有“天气学教程”（谢义炳）、“中长期预报”（谢义炳）、“气象学引论”（谢义炳）等。谢义炳还亲自动手刻蜡版油印讲义。在坚持教育和科研、气象业务三结合的方针下，谢义炳注意选拔培养，带出了一批埋头苦干、富有创新精神中青年教师。至20世纪60年代，北大气象学科已发展为包括天气学、动力气象学、气候学、大气探测、云雾物理、大气边界层物理和大气光声电等多个学科分支的国内气象学的学术和教育中心，为气象科研、业务和国防单位培养了大批人才，成为科研、业务的骨干。有多名学生出任中央和地方气象局的领导，有多名学生后来成为院士。1961年美国出版的《共产党中国的科学》一书中，有一章论及中国的气象工作，特别谈到北京大学气象系。书中提到“北京大学有一个极强的气象系，为谢义炳教授所领导，非常活跃”。

“文革”十年动乱，北大受到严重冲击，除少数与国防相关的科研外，正常的教学和科研都中止了。改革开放后，谢义炳教授亲自抓中青年教师的队伍建设，落实进修计划。他主动与国外联系，建立合作项目、争取经费、推荐安排了多名中青年教师作为访问学者到国外进修学习。他不仅推荐北京大学的，还推荐其他大学、科研机构和业务单位的青年骨干去进修学习。谢义炳带领和鼓励师生参与国内国际的重大科研课题，

第 219 期　（本期共四版）　1979年2月15日

北大校刊

加强教师队伍建设　适应工作重点转移

地球物理系重视培养提高教师队伍

本刊讯　地球物理系领导同志联系本系的实际，学习党的三中全会决议，全面地研究分析了全系运动、教学、科研等项工作，认为实现工作重心转移的条件已经成熟，于是在寒假前召开了全系大会，进行了工作总结，布署了新学期的教学科研任务，表扬了好人好事，宣布全系清查和落实政策工作基本结束，工作重心转移到教学和科研上来。

为了实现这个转移，真正把学校办成教育、科研两个中心，不断提高教育质量和学术水平，他们抓住培养建设一支又红又专的教师队伍这个关键，作了大量的工作，制订了长远和近期的计划。系主任谢义炳同志，分工抓教师的培养提高这项工作。他认真地听取了各教研室关于教师培养提高计划的汇报，对每个教师的发展方向、教学科研任务、进修提高的安排一一审查落实，在此基础上全系进行了统筹安排，制订出切实可行的措施。老年教师通过给他们配助手、带研究生、撰写专著等进行传帮带，充分发挥他们的作用。对青年教师要求在一、二年内，最多不超过三年，补习好基础课，根据个人的不同情况随进修班或普通班听课，同时给他们压重担，每人辅导一门基础课，在工作中提高。从事党政工作的青年教师也要参加补课，不能重演内行变外行的历史教训。系团总支书记本学期就担任了物理实验课的教学。中年教师是教学科研的主力，但由于林彪、“四人帮”的干扰破坏，十多年来，业务上受到损失，迫切需要提高基础理论和加强外语训练。他们请了数学系有经验的教师给本系中年教师讲内容比较高深的数理方程课，每周讲授两次。全系有五十多名教师参加校工会举办的英、德、日语学习班，上学期末考试成绩优良。各教研室自己每周还组织学习外语，能者为师，互帮互学，有的教研室从外单位请来外语教师讲课。为了使中年教师更多地掌握专业知识，进入学科领域，尽快地提高学术水平，地球物理系各教研室也采取了一些措施。有些教研室决定开设教师讨论班。天体物理教研室请紫金山天文台的陈彪、刘汝良同志分别讲授太阳物理和星系。空间物理教研室聘请电子所的吕保维先生给讨论班讲授电离层中的非线性效应。他们还通过有关组织，积极同外国有关部门联系，开展学科协作，创造条件派中年骨干教师出国访问学习，今年全系将选送九名，现在有的已经出国。

地球物理系党总支不但在业务上给教师积极创造条件，培养提高，政治上也关心他们的进步成长。通过落实党的知识分子政策，纠正林彪、“四人帮”制造的冤、假、错案，砸碎加在他们身上的精神枷锁，使大批长期受迫害的教师得到了解

《北大校刊》1979 年时的报道

北大地球物理系加强教师队伍建设

审查落实每个教师的教学科研任务和进修工作

光明日报，1979.4月6日

本报讯　北京大学地球物理系把教师队伍的建设作为一件大事来抓，系主任谢义炳教授认真听取各教研室关于培养教师的汇报，对每个教师的专业发展方向，教学科研任务，以及如何进修提高，都一一审查落实，制订出规划，并采取切实可行的措施。

中年教师是教学和科研的主力，也是师资培养的重点。这个系要求中年教师努力提高基础理论和加强外语训练。这个系为中年教师开设了内容比较高深的数理方程课，请数学系有经验的教师讲授，每周两次。全系有五十多名教师参加了学校工会举办的英、德、日语学习班，各教研室还自己组织了外语学习。这个系还通过有关组织，积极同国外有关教育或科研部门联系，开展学科协作或派教师出国访问。

对于老年教师，这个系给配助手，协助他们撰写专著，或让他们带研究生，通过这些办法，发挥他们“传帮带”的作用。

对于青年教师，这个系要求他们在一、二年内、最多不超过三年，补好基础课。他们的办法是，根据各人的不同情况，随进修班或普通班听课；同时，每人辅导学生一门基础课，在工作中提高。从事党政工作的青年教师也要补课，不能重演“内行变外行”的历史教训。系的团总支书记，本学期已担任了物理实验课的教学工作。

地球物理系党总支不仅在业务培养上给教师创造条件，在政治上、生活上也很关心教师。他们抓紧落实党的知识分子政策，更好地调动教师的积性极。对申请入党的教师，积极进行思想工作。一年多来，全系已发展三名中年教师入党。中年教师担负着繁重的教学、科研和编写教材的任务，为了减轻他们的家务负担，党总支在生活上尽可能给以关心和照顾。

《光明日报》1979 年时的报道

在共同努力下，许多领域走在学科的前列。凭着对学科发展和国家建设需要的敏锐感，谢义炳前瞻性地开辟了一些如大气环境、大气遥感、卫星气象、气候预测、海洋环境预报等新的前沿学科方向。在国内推行学位制度后，谢义炳亲自出任博士生导师，培养了一批高层次人才，成为各单位的中坚力量和领军人物。

谢义炳始终坚持教学、科研、业务实践三结合的方针，20 世纪 50 年代初期回国任职清华大学就同时参与中央气象局的天气预报业务，当时还和中国科学院的顾震潮先生两人“比赛”，一时传为佳话。1975 年发生河南特大暴雨洪灾后，谢义炳带领教研室师生参加了中央气象局汛期暴雨洪水的预报工作，为国家防汛抗洪做出重要贡献。谢义炳还参与和指导组织了北方数省暴雨预报的攻关课题，不仅让教师和学生得到气象业务实践的锻炼，也提高了北方数省的气象部门预报业务能力，培养了一批业务骨干。

李宪之教授是原清华大学气象系创办人和系主任，是谢义炳在清华时的老师。1952 年院系调整后，李宪之将领导气象专业的重任托付给正值壮年的谢义炳。谢义炳逝世后，李老先生在悼文中说，“我对你，推卸倚重，发挥才能，不意积劳不治，深感内疚！”短短二百字的悼文，对谢义炳的人品、性格、办事风格及各方面的贡献都给出了极其准确的描写。赵柏林院士在纪念谢义炳院士诞辰 100 周年纪念会发表感言说：谢义炳先生在气象教育上是开创者和践行者，建立了我国现代气象教育体系，培养了数百成千的学子散落在祖国各地，继续发扬他的事业精神。赵柏林院士同时也指出谢义炳先生在我国气象事业发展中，特别在全国气象预报中心的建立、国家数值预报中心的建立和国家海洋环境预报中心的建立中，起着重要作用。对促进中国气象事业走向世界，建立国际合作方面功绩非凡。

谢义炳先生十分注意创新的研究工作，常说中国科学院大气所、中央气象局气科院的规模比北大地球物理系大得多，如果说他们是航空母舰群的话，地球物理系就是一个轻型舰队，任务就是要冲在最前面，去探索、去创新。谢义炳先生带领师生取得一个个创新的科研成果，在第二部分文稿中已介绍了获得国家自然科学奖的项目。近来，中外科学家发表文章称，1971 年麦登（Madden）和朱利安（Julian）博士发现了热带大气存在 40～50 天周期振荡的信号，后以他们的名字命名为 MJO。其实，早在 1963 年谢义炳等人发表的文章已经得出亚洲季风区存在 40~50 天周期的振荡，并且西太平洋热带气旋的发生频率与 40～50 天变化的低层西风具有显著相关的结论。这比 MJO 的发表早了整 8 年。2018 年 4 月的《中国气象报》对此做了相关报道，报道原文如下：

《美国气象学会公报》发表研究论文称：谢义炳或成为“MJO”最早发现者

本报讯 通讯员刘佳报道：在气候研究历史上具有里程碑意义的“MJO”的最先发现者其实另有其人？近日，美国气象学会期刊《美国气象学会公报》（BAMS）上的一项研究指出，“40~50 天周期振荡信号”早在 1963 年已由中国气象学界奠基人、北京大学谢义炳教授发现，而这个时间比目前国际已知 MJO 发现时间要早了整整 8 年。该研究发表后立刻引起了国际气象学界的关注。

1971 年麦登和朱利安博士发现了热带大气存在 40～50 天周期振荡的信号。后来，这一发现也被命名为麦登和朱利安振荡，即 Madden-Julian Oscillation（MJO）。20 世纪 90 年代中期，科学家进一步发现 MJO 对热带气旋的发生频率具有显著影响，这对台风预报具有重要的指示性意义。

在近日 BAMS 上这篇题为《1963 年一篇发表在中文期刊上的热带季节内振荡研究论文》（A Paper on the Tropical Intraseasonal Oscillation Published in 1963 in a Chinese Journal）的研究中，南京信息工程大学大气科学学院气候动力学研究中心李天明教授、王璐博士和王斌等人指出，1963 年谢义炳教授在一篇中文文章中指出，亚洲季风区存在 40～50 天周期的振荡，并且西太平洋热带气旋的发生频率与 40～50 天变化的低层西风具有显著相关。李天明教授等人通过仔细分析历史探空资料和再分析资料，验证了谢义炳文章的结果。

BAMS 是美国气象学会出版的旗舰杂志，其 2018 年的影响因子为 7.281，在 83 个气象和大气科学杂志当中排名第二。

美国气象学会荣誉会士、美国国家海洋和大气管理局 George N. Kiladis 教授称，该文章对了解 MJO 的研究历史很有帮助。美国地球物理学会前主席、美国航空航天局 William K.M. Lau 教授称该论文的重要性在于揭示了 MJO 就像科学上的许多其他发现一样，在其正式被命名很久之前就被其他人发现过，虽然当时并未引起重视。

中國氣象報
China Meteorological News
科技 3
2018年4月10日 星期二

「丝绸之路遥相关」：为东亚季节性预测提供新思路

科学漫谈

本文专家顾问：国家空间天气监测预警中心首席预报员 薛炳森

绚烂过后，航天器将归于何处？

本报记者 卢健

入海为安

永留太空

热点聚焦

新算法可利用GPS观测数据反演大气水汽

《美国气象学会公报》发表研究论文称：

谢义炳或为"MJO"最早发现者

AMS

JOURNALS ONLINE

A Paper on the Tropical Intraseasonal Oscillation Published in 1963 in a Chinese Journal

科技视野

内蒙古"风云三号"卫星直收站升级

"江西预警发布"微信平台实现定制功能

从化举办大学生气象科普演讲大赛

淄博举办人影火箭操作培训

要刊新说

《中国气象报》关于 MJO 报道

1981 北大校刊

《气象专业教师预报准确 减少国家巨大损失》

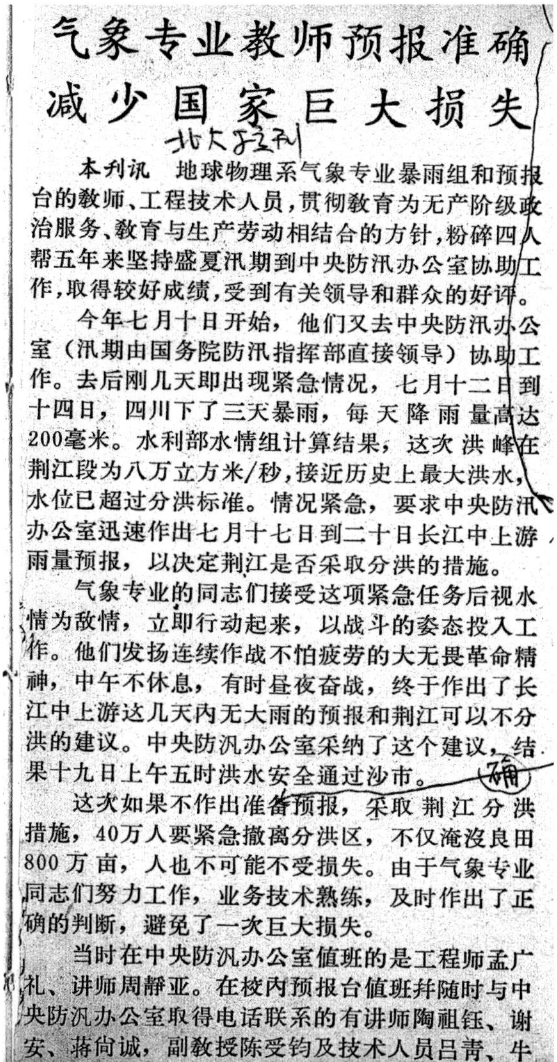

气象专业教师预报准确 减少国家巨大损失

本刊讯 地球物理系气象专业暴雨组和预报台的教师、工程技术人员，贯彻教育为无产阶级政治服务、教育与生产劳动相结合的方针，粉碎四人帮五年来坚持盛夏汛期到中央防汛办公室协助工作，取得较好成绩，受到有关领导和群众的好评。

今年七月十日开始，他们又去中央防汛办公室（汛期由国务院防汛指挥部直接领导）协助工作。去后刚几天即出现紧急情况，七月十二日到十四日，四川下了三天暴雨，每天降雨量高达200毫米。水利部水情组计算结果，这次洪峰在荆江段为八万立方米/秒，接近历史上最大洪水，水位已超过分洪标准。情况紧急，要求中央防汛办公室迅速作出七月十七日到二十日长江中上游雨量预报，以决定荆江是否采取分洪的措施。

气象专业的同志们接受这项紧急任务后视水情为敌情，立即行动起来，以战斗的姿态投入工作。他们发扬连续作战不怕疲劳的大无畏革命精神，中午不休息，有时昼夜奋战，终于作出了长江中上游这几天内无大雨的预报和荆江可以不分洪的建议。中央防汛办公室采纳了这个建议，结果十九日上午五时洪水安全通过沙市。

这次如果不作出准备预报，采取荆江分洪措施，40万人要紧急撤离分洪区，不仅淹没良田800万亩，人也不可能不受损失。由于气象专业同志们努力工作，业务技术熟练，及时作出了正确的判断，避免了一次巨大损失。

当时在中央防汛办公室值班的是工程师孟广礼、讲师周静亚。在校内预报台值班并随时与中央防汛办公室取得电话联系的有讲师陶祖钰、谢安、蒋尚诚，副教授陈受钧及技术人员吕青、牛砚华、陈振华、方向涛、山秉珍等

《北大校刊》的报道

谢义炳始终积极倡导对学生教学、科研、业务实践三结合的培养方针，树立学生学以致用的志向。在“七五·八”河南特大暴雨灾害后，他带领教研室师生连续多年参加了中央防汛办公室的暴雨洪水预报工作，取得了较好的成绩。这份剪报即是1981年《北大校刊》对此的报道。

下面的文章可看作校刊《气象专业教师预报准确 减少国家巨大损失》报道的附篇，简要总结1977—1981年谢义炳领头在水利部中央防汛办公室（也称中央防汛抗旱总指挥部）暴雨预报值班的整体情况。

《北京大学地球物理系气象教研室开展汛期暴雨预报服务情况简介》

刊登于《北方天气》(4)暴雨研究专集，1983

为防止“七五·八”河南特大暴雨惨重损失的再现，在开展暴雨研究的基础上，北京大学气象教研室应水电部的要求于每年七、八月汛期在中央防汛办公室进行暴雨预报，直接为水利防汛部门提供气象预报服务。从1977年到1981年已连续五年派出在暴雨分析和预报方面有经验的教授、副教授、讲师、工程师等十多人轮流到中央防汛办公室值班，校内实习预报台也同时配合开展工作，为防汛和水库调度提供24小时和48小时的全国降水预报。系主任谢义炳教授曾连续两年到中央防汛办公室值班做汛期预报，水利部部长钱正英也曾亲临预报室直接了解气象预报意见。在预报会商时，中央防汛办公室值班人员及水利部水调司各水系的负责人也都参加，并提出各水系及重点水利设施的水位、流量、库容等水文情况及对暴雨预报的服务要求，使暴雨预报会商有明确的针对性。同时，预报的结果及主要预报依据，也能及时为防汛指挥部及水利调度部门所掌握，取得了较好的服务效果。

为了解决暴雨这一重大灾害性天气的预报问题，北京大学气象教研室为此成立了专门的课题研究组。在谢义炳教授的领导下，对暴雨问题展开了从理论到数值试验和天气分析及预报方法的广泛研究。提出了暴雨分析预报的基本观点、思路和方法：强调中、低纬度天气系统的相互作用和重视水汽的观点，同时注意在这种大尺度环流背景下，暴雨的中期过程及短期的次天气尺度系统的发生发展。充分利用所能获得的全部气象资料全面分析产生暴雨的流场条件、稳定度条件和水汽条件，将常规天气分析和能量分析、卫星云图分析、动力学诊断分析和数值预报结合起来，形成系统的综合分析。在此基础上做出全国大范围雨带及暴雨强度和落区的预报。

由于较充分地利用了国内外最新科研成果及进行了面对面的预报服务，五年来在夏季防汛服务中取得了较好的经济效益。例如：1977 年 7 月 16 日—19 日淮河上游暴雨，由于及时预报 19 日后暴雨将结束，避免了在王家坝分洪，使蒙河洼蓄洪区 18 万亩庄稼免受损失。

1977 年 7 月下旬到 8 月初海河流域预报，由于预报短、中期内雨带将在河北北部维持，支持了邢家圈拦河坝的拆除工程，使白洋淀千里堤安全度汛。

1977 年 8 月 5 日报出了山西中部沁河、汾河流域的暴雨，中央防汛办公室将此预报通知了山西省水利部门，但由于种种原因，暴雨发生后平遥和河曲县的四座小水库失事，平遥县城被淹，同蒲路被冲断。

1981 年 7 月上旬长江上游特大暴雨，及时预报了 16 日后长江中上游地区不再有暴雨产生，为防汛指挥部是否要在荆江采取分洪措施提供依据。

汛期预报服务不仅可减少暴雨造成的损失，而且还能为水资源的充分利用作出贡献。五年来的预报服务中曾多次为丹江口水库、丰满水库提供未来降水趋势预报，为充分利用水库库容，多蓄水、多发电做出一定贡献。

当然，实际的预报不可能每次都是成功的，例如 1977 年 8 月 2 日华北北部的突发性暴雨和 7704 号台风在冀辽所造成的特大暴雨预报失败了。但预报的失败促使我们检查已有认识的不足，做进一步的研究，推动了科学研究工作的开展和深入。“湿斜压天气动力学”的一系列研究，半热带系统的研究就是在预报失败后开展起来的，并取得了重要结果。反过来，科学研究工作的成果又进一步提高了暴雨预报水平。例如有关中低纬度系统相互作用的研究成果，应用于 7805 号台风预报天津大暴雨取得了成功。又如对大气行星边界层的研究中发现行星边界层流场和暴雨有相当密切的关系，因此在预报工具中增添了1000米实测风场的分析，几年来的试用证明这对改善（对）暴雨的强度和落区的预报是有帮助的。

北京大学五年来的汛期预报服务实践表明，科研为生产服务，科学技术直接转化为生产力，生产又反过来推动科学的发展，这样的科研路子越走越宽广。

（陶祖钰）

1982　丹东科技报

《全国北方暴雨技术小组会议在丹东召开》

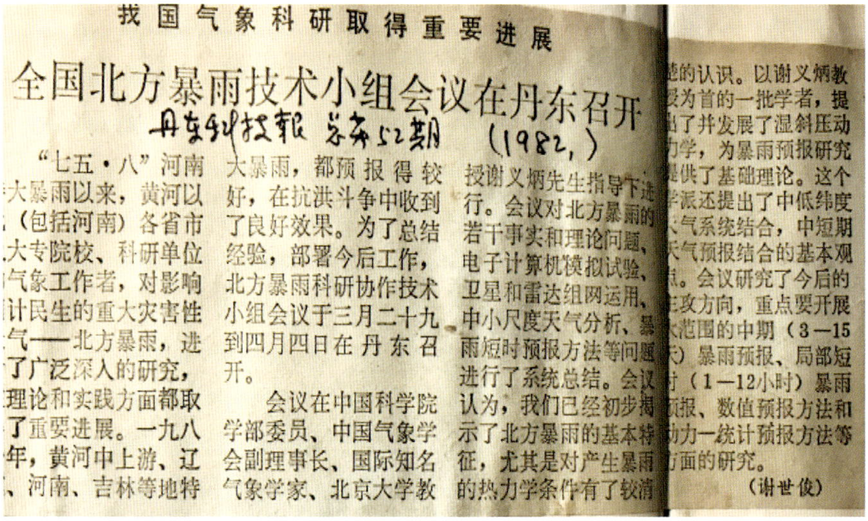

我国气象科研取得重要进展

全国北方暴雨技术小组会议在丹东召开

丹东科技报 总第52期 (1982.)

"七五·八"河南
大暴雨以来，黄河以
（包括河南）各省市
大专院校、科研单位
气象工作者，对影响
计民生的重大灾害性
气——北方暴雨，进
了广泛深入的研究，
理论和实践方面都取
了重要进展。一九八
年，黄河中上游、辽
、河南、吉林等地特大暴雨，都预报得较好，在抗洪斗争中收到了良好效果。为了总结经验，部署今后工作，北方暴雨科研协作技术小组会议于三月二十九到四月四日在丹东召开。

会议在中国科学院学部委员、中国气象学会副理事长、国际知名气象学家、北京大学教授谢义炳先生指导下进行。会议对北方暴雨的若干事实和理论问题、电子计算机模拟试验、卫星和雷达组网运用、中小尺度天气分析、暴雨短时预报方法等问题进行了系统总结。会议认为，我们已经初步揭示了北方暴雨的基本特征，尤其是对产生暴雨的热力学条件有了较清楚的认识。以谢义炳教授为首的一批学者，提出了并发展了湿斜压动力学，为暴雨预报研究提供了基础理论。这个学派还提出了中低纬度大气系统结合，中短期天气预报结合的基本观点。会议研究了今后的主攻方向，重点要开展大范围的中期（3—15天）暴雨预报、局部短时（1—12小时）暴雨预报、数值预报方法和动力—统计预报方法等方面的研究。

（谢世俊）

《丹东科技报》的报道

这份谢义炳收集的剪报是《丹东科技报》对1982年3月底至4月初在丹东召开的全国北方暴雨技术小组会议的报道。这里提到的北方暴雨科研协作技术小组，起因于1975年的"七五·八"河南特大暴雨。这场暴雨灾害所造成的人民生命、财产损失巨大。谢义炳先生深感气象部门承受的巨大压力和自己责任重大。他当即组织北大教师成立了暴雨研究组，带头查文献、找资料，并在组内介绍国内外最新的动力分析法，把暴雨分析方法从定性到定量结合起来。由北大联合吉林、河南等省气象部门推动，成立了由北方各省市气象部门和北京大学、中科院大气所、中央气象局气象科学院等15个单位联合参加的北方暴雨科研协作技术小

会议期间，谢义炳和谢世俊在一起
（谢世俊，丹东市气象局高级工程师，曾任中国气象学会大气科学史研究会副主任，中国气象史志研究会委员，辽宁科普作家协会副理事）

组，开展“高校-研究所-业务部门”三结合的科研大协作。这个协作组在没有专项经费的支持下（完全靠各单位自筹），维持了十余年之久，并将研究和业务实践的成果编辑出版了《西北暴雨》《华北暴雨》《东北暴雨》三本一套的《中国北方暴雨丛书》。

1978 年，北京大学地球物理系举办的暴雨预报进修班结业留念

北方暴雨研究协作组研讨会
前排左三起：刘余滨（北大），陆一强（辽宁），谢义炳，程纯枢（中央气象局），陶诗言（中科院大气所），刘春蓁（水利部）
后排左起：马瑞隽（河北），苏福庆（北京），游景炎（河北），周鸣盛（天津），陶祖钰（北大），夏建平（甘肃），陈受钧（左十，北大），丁一汇（左十二，中科院大气所），孙淑清（左十四，中科院大气所），蒋尚诚（北大），席国耀（河南），田生春（右三，中科院大气所），吴正华（右二，中央气象局气科院）

1987　北大校刊

《庆祝谢义炳从事气象工作 50 年》

1987 年 5 月 5 日，北京大学地球物理系为谢义炳从事气象工作 50 年召开庆祝会。

时任北京大学副校长陈佳洱在会议致辞中说：“谢谢你，谢先生，你为北京大学建立了一个这样好的系。这是你忠诚党的教育事业，在教学和科研上坚持走我国自己的社会主义道路的结果。”《北大校刊》也进行了相关报道。

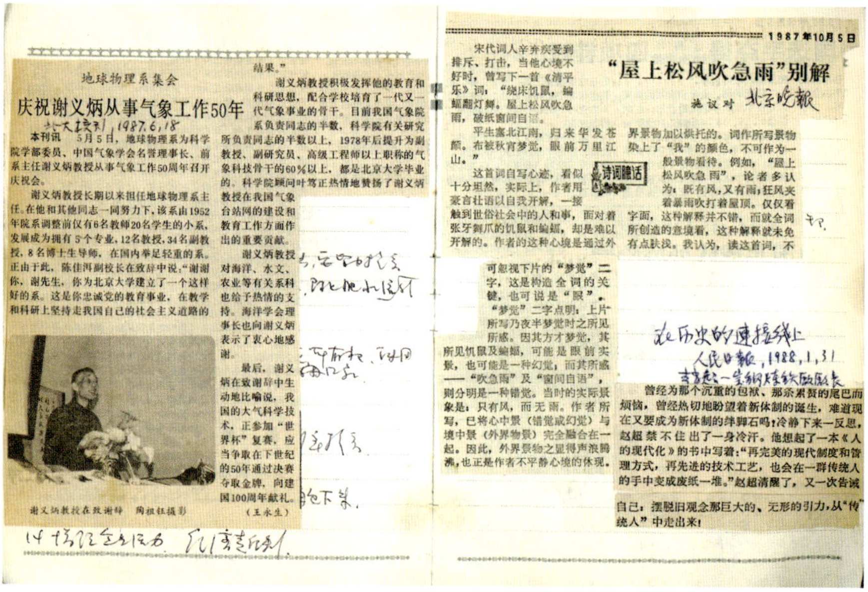

地球物理系集会

庆祝谢义炳从事气象工作50年

北大校刊，1987.6.18

本刊讯　5月5日，地球物理系为科学院学部委员、中国气象学会名誉理事长、前系主任谢义炳教授从事气象工作50周年召开庆祝会。

谢义炳教授长期以来担任地球物理系主任。在他和其他同志一同努力下，该系由1952年院系调整前仅有6名教师20名学生的小系，发展成为拥有5个专业，12名教授，34名副教授，8名博士生导师，在国内举足轻重的系。正由于此，陈佳洱副校长在致辞中说：“谢谢你，谢先生，你为北京大学建立了一个这样好的系。这是你忠诚党的教育事业，在教学和科研上坚持走我国自己的社会主义道路的结果。”

谢义炳教授积极发挥他的教育和科研思想，配合学校培育了一代又一代气象事业的骨干。目前我国气象院系负责同志的半数，科学院有关研究所负责同志的半数以上，1978年后提升为副教授、副研究员、高级工程师以上职称的气象科技骨干的60％以上，都是北京大学毕业的。科学院顾问叶笃正热情地赞扬了谢义炳教授在我国气象台站网的建设和教育工作方面作出的重要贡献。

谢义炳教授对海洋、水文、农业等有关系科也给予热情的支持。海洋学会理事长也向谢义炳表示了衷心地感谢。

最后，谢义炳在致谢辞中生动地比喻说，我国的大气科学技术，正参加“世界杯”复赛，应当争取在下世纪的50年通过决赛夺取金牌，向建国100周年献礼。

（王永生）

谢义炳教授在致谢辞　陶祖钰摄影

1987年10月5日

“屋上松风吹急雨”别解

施议对　北京晚报

宋代词人辛弃疾受到排斥、打击，当他心境不好时，曾写下一首《清平乐》词：“绕床饥鼠，蝙蝠翻灯舞。屋上松风吹急雨，破纸窗间自语。

平生塞北江南，归来华发苍颜。布被秋宵梦觉，眼前万里江山。”

诗词臆话

这首词自写心迹，看似十分坦然，实际上，作者用豪言壮语以自我开解，一接触到世俗社会中的人和事，面对着张牙舞爪的饥鼠和蝙蝠，却是难以开解的。作者的这种心境是通过外界景物加以烘托的。词作所写景物染上了“我”的颜色，不可作为一般景物看待。例如，“屋上松风吹急雨”，论者多认为：既有风，又有雨；狂风夹着暴雨吹打着屋顶。仅仅看字面，这种解释并不错，而就全词所创造的意境看，这种解释就未免有点肤浅。我认为，读这首词，不可忽视下片的“梦觉”二字，这是构造全词的关键，也可说是“眼”。

“梦觉”二字点明：上片所写乃夜半梦觉时之所见所感。因其方才梦觉，其所见饥鼠及蝙蝠，可能是眼前实景，也可能是一种幻觉；而其所感——“吹急雨”及“窗间自语”，则分明是一种错觉。当时的实际景象是：只有风，而无雨。作者所写，已将心中景（错觉或幻觉）与境中景（外界物景）完全融合在一起。因此，外界景物之显得声浪腾沸，也正是作者不平静心境的体现。

在历史的连接线上

人民日报，1988，1，31

曾经为那个沉重的包袱、那条累赘的尾巴而烦恼，曾经热切地盼望着新体制的诞生，难道现在又要成为新体制的绊脚石吗？冷静下来一反思，赵超禁不住出了一身冷汗。他想起了一本《人的现代化》的书中写着：“再完美的现代制度和管理方式，再先进的技术工艺，也会在一群传统人的手中变成废纸一堆。”赵超清醒了，又一次告诫自己：摆脱旧观念那巨大的、无形的引力，从“传统人”中走出来！

《北大校刊》的报道

庆祝谢义炳教授从事气象工作 50 年会场

陈家湃代表学校致贺词

游景炎在庆祝会期间同时举行的学术报告会上作报告
（游景炎为河北省气象局局长，北大 1952 级气象专修科学生，谢义炳曾任他的班主任）

《庆祝谢义炳教授从事气象工作50年学术报告会》上谢义炳致词答谢

原来想借这个机会，邀请少数北京地区的校友，开一个非正式的座谈会，从自然哲学和科学技术史的角度，交换我们这门学科怎样更好地为具有中国特色的社会主义现代化服务的意见。当然不必要求一致。大家都忙于自己的岗位工作，没有公事，互不见面。有一个机会，从比较高的高度，纵览我们的工作，也许有所补益。想不到，成为这样一个大会。有些校友说得好："二三十年了，近在北京，却从来没有高高兴兴的回母校聚一聚，这是个好机会！"来就来吧，母校欢迎。至于对我个人的褒奖，我深感惭愧。

五十年，半个世纪，对每个人说是一个长时期；对社会发展说，不过是片刻而已。五十年中，多少青年来自五湖四海，汇聚一堂，短暂学习后，又奔赴祖国各方！在不同的岗位上，做出了在客观条件上允许的、应当得到的成绩。现在，有一些已达到垂暮之年，有些则是中流砥柱的中年人，有些人刚出校门不久，风华正茂，是"指点江山，激扬文字"的风流人物。

回想过去，不说五十年，就说三十五年吧，北大在院系调整后，老化学楼、哲学楼与南区学生宿舍间的交通靠一座天桥。现在呢？如果有那座天桥，也许一天就踩垮了！（注：当时的临时建筑，很快拆除。大饭厅也是临建，全木制，清华建筑系设计，直到北大百年校庆才拆，成为现在的百年大讲堂。）当时的毕业同学，奔赴祖国西北、西南，风餐露宿，行程万里，一个月以上才能到达新疆和西藏。另有一些人奔赴东北、内蒙和西南。他们为的是什么？他们为的是为人民服务，为新中国的建设服务。在达赖叛乱和珍宝岛的战斗过程中，有些校友拿起枪来（注：如前气象局副局长李黄），为保卫祖国而战斗！在这里首先向当年战斗在边疆，在保卫边疆、建设边疆工作中建立功勋的校友们致以崇高的敬意。

校友们在马列主义、毛泽东思想的指导下，在各单位的党组织的具体领导和关怀下，努力学习，辛勤工作，分别在业务、科研和教育各条战线上取得了巨大的成绩。校友们的成就，是对母校的重大支持，校友和母校是血肉相连的。在这里，谨对校友们的成就表示衷心的祝贺。对校友们的支持表示衷心的感激。

留在学校的工作人员，也同校友们一样，历尽艰辛，终于建成了一个在全世界同行中知名的地球物理系。虽然现在我们的设备还是简陋的，经费还是拮据的，但是世界上多少本行的知名学者以能受到北大地球物理系的邀请来访问讲学而感到荣幸！只是我们因为坚持外事必须服从内事发展需要的原则，控制外事活动，才避免了过多的对外联系。大概是两年前，丁石孙校长在全校系级党政干部的会上说："学校承认是把某些系当成重点系的，但是如果一些系，例如地球物理系自己闯出来，成为重点系，学校也同样加以承认。"这只是校领导说的，学校里也有其习惯势力。达到绝大部分学校师生员工包括我们自己系里的师生员工以北京大学有一个地球物理系而感到自豪，以在北京大学地球物理系学习或工作而感到光荣，还需要做相当长时期的努力奋斗，还需要在教书育人，出成果、出人才方面做出更多的成绩。（注：此言是指本系的老师和学生有自卑感）关键在思想建设，也就是精神文明建设，至于聪明才智方面，我们有的是人才。

事业在发展，人生有代谢。"年年岁岁花如旧，岁岁年年任不同""长江后浪推前浪，一代新人换旧人"，这是自然规律。有人说，"登高纵观天地间，大江东去不复还"。可是，海水会蒸发，雨水会降落，长江流水万古不息。

当代的基调是什么？是不是"壮志未酬"？这是历史决定的。中华民族曾创造过光辉灿烂的文化。盛唐时，大家向往长安。现在向往什么地方？明朝中叶前，我国的文明包括科学技术都是领先的。郑和下西洋，比哥伦布发现新大陆早 80 年！后来，闭关自守，夜郎自大，错过了文艺复兴和工业革命。1840 年至 1842 年鸦片战争是三四百年落后的总暴露。这样才开始有人想问题了。林则徐的功过，想必在清廷内部就有争论，否则不会流放新疆后两年就被召回任陕甘总督，不久降为陕西巡抚，又再提升为云贵总督。但是三四百年的落后，转为民族复兴，是需要一个过程，也要付出代价的。

1842 年后近六十年，我们遭遇到多次的屈辱和损失。包括 1894 年到 1895 年中日战争和 1898 年俄国趁火打劫掠夺了我国辽东，才逼出一个戊戌变法。可是被慈禧弹压了，成为短命的变法，那是我国现代史革新事业的第一次大挫折。慈禧取消了所有的变法措施，只有两项保留下来，其中之一就是京师大学堂，即北大前身。显然，慈禧是把京师大学堂作为她培养御用人才的基地。接着是1900年的八国联军侵华，以及1904年到1905年日俄战争。他们为争夺我国东北，在我们的土地上打仗，真是欺人太甚。这导致了1911年的辛亥革命。可是，不久袁世凯复辟称帝，跟着的是军阀大混战，那是我们革新事业的第二次大挫折。1914年到1918年第一次世界大战，我们是参战国，也是战胜国，日本却向我国提出了21条企图建立起他们梦寐以求的两栖帝国，进而亡我中华。这导致了1919年的五四运动。在封建控制最严密、帝国主义尖刀所指的地方，举起了科学与民主、反帝反封建的大旗。用民间语言说，是“鸡窝里飞出了金凤凰”。光荣啊，京师大学堂——北京大学。接着是1921年中国共产党的诞生，和第一次国共合作与北伐。但是，1927年蒋介石叛变，企图建立起他的蒋家王朝，使我国的革新事业遭受到第三次历史性的大挫折。“九一八”“一·二八”事变接踵而来，逼出了西安事变和第二次国共合作。八年抗战，五年解放战争，打败日本帝国主义，驱除了美帝国主义支持的蒋介石。1949年五星红旗在天安门上空高高飘扬。1842年到1949年，共107年，以几千万人牺牲为代价，克服了三次封建复辟的历史性大挫折，才以历史性的进步而得到补偿。祖国广大的土地上，哪一块没有浸染烈士的鲜血，青山处处映忠魂！红旗确切是烈士的鲜血染红的。

新中国成立后，虽然也曾受到众所周知的挫折，但是从历史的角度上看只是余波，是内部能控制的，是可以由内部力量加以扭转的和补偿的（注：80年代曾经有过一场大讨论）。各位校友和在校工作人员在过去的年月里，都有过不同程度的不愉快时期，现在不都是在十一届三中全会以来的光辉路线下，脱颖而出了吗？现在我们的行业中有多少位司局级干部，多少位教授、研究员，有多少处级、副教授、副研、高工级的干部？有多少位科级、讲师、助研、工程师级的骨干？军队里还有副军级干部。还有多少位，虽然做出了成绩，但还没有被挖掘出来的卓越人才？还有多少位年轻人在茁壮成长？单就我们这一行本身说，在国际上虽然没有夺取金牌，但是肯定已进了决赛圈，或许可以说进了前八名或前四名。这是不小的进步，我们应当向女排、乒乓球等队学习。准备将来夺取金牌，这是我们当前的任务，这是我们这一行全体人员的任务，这是我们的神圣职责，尤其是中青年校友和在校工作人员的职责。

当前，我认为中华民族总的情调虽然是“壮志未酬”，但是光明就在前头。

香港、澳门协议意味着什么？兵法说，“不战而屈人之兵计是上者”。这是我们力量增强的体现。由历史借鉴，现在有点像由前希腊到后希腊的转变时期。前希腊是沿海城邦如雅典科特斯的历史，说得热闹，实际上是小打小闹，活动范围仅限爱琴海附近地区。后希腊是巴尔干半岛腹地马其顿与沿海城邦相结合，以亚历山大为代表的成大事的历史。现在亚洲的四小龙虎，像不像古代前希腊沿海城邦？将来大陆兴起，与沿海“城邦”相结合，才是成大事的时代。2000 年就可以看到苗头。2049 年是达成民族复兴大业的时代。是丢掉“壮志未酬”思想感情的时代。当然到那个时代我们也不会止步，共产主义光辉的前景还在前头。这需要多少代人的辛勤劳动，艰苦奋斗啊！

谢义炳先生在会上致答谢词

有一首歌，是由白居易的《长相思》词改编的：

黄河流，长江流，茫茫古神州；
思悠悠，情悠悠，炎黄子孙志未酬；
中华自有雄魂在，江河万古流！

是反映我中华民族当代的基本情调的。

炎黄子孙过去曾经，今后也一定能排除种种干扰，奋勇前进。我们是具有克服挫折、继续前进的毅力和信心的，我们北大地球物理系的师生员工和校友必然会与全国各行各界的同志们一起，在党的十一届三中全会建立的路线指导下，在科学与民主、反帝反封建的“五四”光荣传统的熏陶下，自强不息，努力攀登。

我个人虽然已到暮年，但还愿做一点点拾遗补阙的工作，为同志们助兴。

祝我们的事业不断发展，祝全体同志身体健康、工作顺利。

会后与中科院大气所、中国气象局的老同志合影

会后与自己的研究生们合影

1989 人生是美好的吗（手稿）

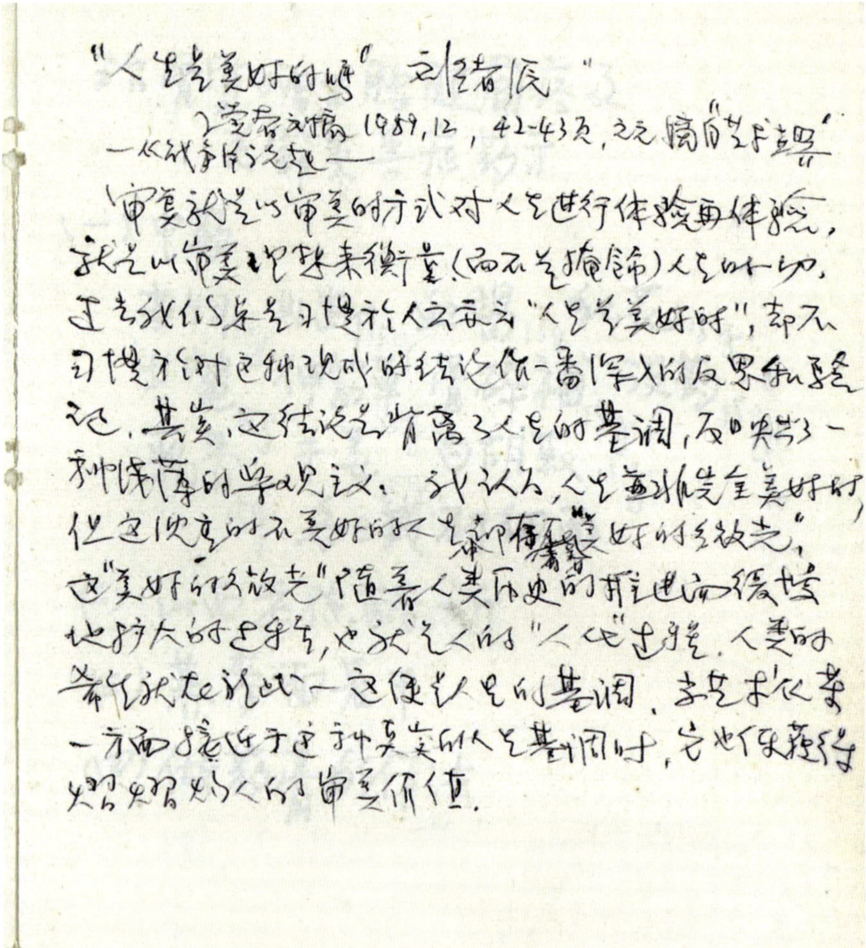

"人生是美好的吗" 刘绪源"

《文艺文摘》1989,12，42-43页，文之摘自《艺术与美》

—从钱钟书说起—

审美就是以审美的方式对人生进行体验再体验，就是以审美理想来衡量（而不是掩饰）人生的一切。过去我们总是习惯于人云亦云"人生是美好的"，却不习惯于对这种现成的结论作一番深入的反思和验证。其实，这结论是肯定了人生的基调，反映出了一种浅薄的乐观主义。我认为，人生并非完全美好的，但这决定的不是美好的人生却存在着美好的"闪光"，这"美好的闪光"随着人类历史的推进而缓慢地扩大的过程，也就是人的"人化"过程。人类的希望就在于此——这便是人生的基调。文艺术作为一方面接近于这种真实的人生基调时，它也便获得了灿烂的人的审美价值。

手稿

这是一篇独特的手稿，谢先生抄录的一小段文字，但反映了他对人生的思考。《读者文摘》的这篇文章，表达了在“沉重的不美好的人生中看到了美好的微光”的人生态度。谢先生对此深感认同。“美好的微光”随着人类历史的推进而缓慢地扩大。这一方面反映出谢先生对中国人民苦难的深切感受，另一方面对未来又充满希望。

抄写内容的原文如下：

《人生是美好的吗》

刘绪源[1]

《读者文摘》，1989：12，42-43 页

审美就是以审美的方式对人生进行体验再体验，就是以审美理想来衡量（而不是掩饰）人生的一切。过去我们总是习惯于人云亦云“人生是美好的”，却不习惯于对这种现成的结论作一番深入的反思和验证。其实，这结论是背离了人生的基调，反映出了一种浅薄的乐观主义。我认为，人生并非完全美好的，但这沉重的不美好的人生中却存在着“美好的微光”。这“美好的微光”随着人类历史的推进而缓慢地扩大的过程，也就是人的“人化”过程。人类的希望就在于此——这便是人生的基调。当艺术从某一方面接近于这种人生基调时，它也便获得熠熠灼人的审美价值。

[1] 刘绪源，1951 年生，浙江宁波人。中共党员。1968年毕业于上海鲁迅中学。历任上海中华造船厂电焊工，上海人民广播电台文学编辑，上海文汇报社《文汇月刊》编辑、《生活》副刊编辑，《文汇读书周报》编辑、副主编，《文汇报》特刊部副主任、《新书摘》主编。现为文汇报“笔会”主编。1970 年开始发表作品。1992 年加入中国作家协会。主要学术兴趣在儿童文学理论、中国现代文学及中国思想史。

「長相思」

黄河流、長江流，
萬萬古神州
情悠悠、思悠悠，
炎黄子孫去來酬，
中华自有魄魂在，
江河万古流。

第四部分

谢义炳年表

本年表仅为阅读本书内容的一个时间线索，并非谢义炳先生一生的完整年表。

1917 年 4 月 3 日　生于湖南省新田县。

20 世纪 20 年代中后期曾在家乡、衡阳、长沙，以及上海读过私塾、小学。

1930—1932 年　就读于中央大学实验中学初中（现南京师范大学附属中学）。

1932 年　就读于长沙中学。

1932 年　转入扬州中学高中。

1935 年　毕业于扬州中学高中部，考入清华大学理学院。

1940 年　毕业于昆明西南联合大学地质地理气象系，任贵州省测候所观测员。

1941—1943 年　在贵州遵义浙江大学研究生院学习，并获硕士学位，导师涂长望。

1943—1945 年　任中央气象局技士。

1945 年　公派赴美国学习半年。

1946—1949 年　在芝加哥大学攻读硕士、博士学位，导师罗斯贝、帕尔曼。

1949 年　获博士学位。

1950 年　回国，任清华大学气象系副教授。

1952 年　任北京大学物理系教授，系主任助理，主持气象专业工作。加入九三学社。

1956 年　任北京大学物理系副系主任，主持气象专业工作。

1959 年　任北京大学地球物理系副系主任。

1973 年　参加世界气象组织（WMO）纪念 WMO 前身国际气象组织（IMO）成立 100 周年大会。

1975 年　河南特大暴雨，组建北方暴雨研究协作组。

1977—1981 年　参加水利部汛期值班。

1978 年　任北京大学地球物理系系主任。当选中国气象学会 19 届理事会副理事长。主持《气象学报》复刊工作并任主编。

1978 年　获全国科学大会奖。

1979 年　参加在日内瓦举行的第一次世界气候大会，应邀访问挪威奥斯陆大学、参加西班牙马德里世界气象教育大会。9 月随中国气象代表团访美，参观芝加哥大学地球科学系。

1980 年　当选中国科学院地球科学部学部委员（院士）。

1981 年　任国务院学位委员会评议组成员，并担任地学二组组长。

1982 年　加入中国共产党。

1982 年　当选中国气象学会 20 届理事会副理事长。获英国皇家气象学会外籍荣誉会员。

1982 年　访英，在里丁大学做《湿斜压大气的天气学和动力学》专题报告。

1982 年　6 月率团访问美国 Nebraska 大学。

1983 年　当选九三学社七届中央委员会委员。

1983 年　9 月率中国气象学会代表团访问瑞典，结束后专程访问赫尔辛基大学，看望老师帕尔曼。

1984 年　任国家自然科学基金委员会地学部评审组成员，兼大气科学组组长，北京大学校务委员会委员。

1985 年　获国家科技进步奖二等奖。

1986 年　当选中国气象学会 21 届理事会名誉理事长。

1987 年　获国家自然科学奖二等奖。

1987 年　退休。

1988 年　赴芬兰赫尔辛基参加帕尔曼纪念科学讨论会，获帕尔曼国际奖。

1991 年　患病，接受手术。

1991 年　任国家自然科学基金委员会地学部评议组组长。

1992 年　任九三学社九届中央参议委员会委员。

1994 年　获北京大学首届自然科学基础研究突出贡献奖。

1995 年 8 月 24 日　病逝于北京。

「長相思」

黄河流、長江流，
萬萬古神州
情悠悠、思悠悠、
炎黄子孫去未酬，
中华自有雄魂在，
江河万古流。

第五部分

附录

一、谢义炳的成长经历

谢义炳 1917 年 4 月 3 日生于湖南省新田县。8 岁时母亲去世，姐姐是他幼年生活的照料者，姐弟俩感情深厚，但是姐姐在大学二年级时因肺病去世，对他打击很大。

湖南省新田县文庙一角

湖南省新田县谢家

父亲谢厚藩

母亲郭厚初

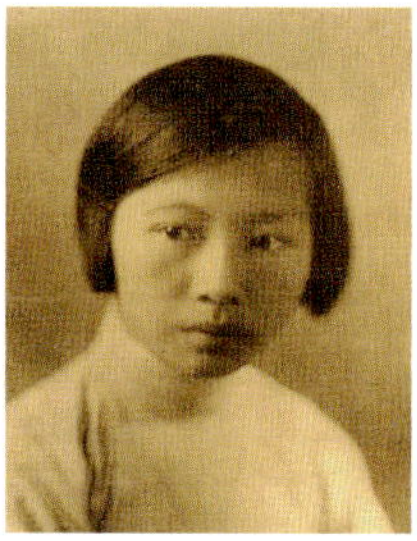

姐姐谢碧鲜

少年时代的谢义炳

因家庭多次迁居，谢义炳小学极不正规。曾在家乡、衡阳、长沙，以及上海读过私塾、小学。

1930—1932 年 1 月谢义炳入中央大学实验中学初中学习（现南京师范大学附属中学）。

谢义炳的父亲谢厚藩是科教兴国的信仰者和执着追求者。他相信只有国家强盛，才不会被人欺负。父亲的亲身经历和谆谆教导深深地留在谢义炳心中，种下了强烈的爱国心和进取心。

1930 年与哥哥在南京

1932 年 1 月初三下学期时，“一·二八”事变（淞沪战争）爆发，学校通知开学无期，哥哥只能让他转学长沙。日本侵华战争导致其失学。1932 年转入长沙中学，后又就读于扬州中学高中，于 1935 年毕业。

1935 年谢义炳进入清华大学。“一二·九”运动中，参加民族解放先锋队（党的外围组织），使他懂得科技发展是与社会进步分不开的。从此，他虽然从事科学研究和教育事业，却始终关心与支持社会改革和进步。

1934 年扬州中学篮球队，前中为谢义炳

现在的扬州中学

1937 年 9 月结婚时
前排为父亲，后排（左起）为谢义炳、李孝芳、李孝馥（李孝芳妹妹）

1937 年“七七事变”后，清华大学停课。这是日本侵华导致的谢义炳的第二次失学。1937 年 9 月，他带着未婚妻李孝芳（清华同班同学）和她的妹妹回到在广西大学（当时在梧州）任教的父亲家，并与李孝芳完婚。

原广西大学

原广西大学旧址（现广西师范大学）

1938 年清华大学与北京大学、南开大学合并成立西南联大，在昆明开学。父亲让他们将刚出生的女儿留下，让他们回校学习。

西南联大纪念碑

西南联大旧址

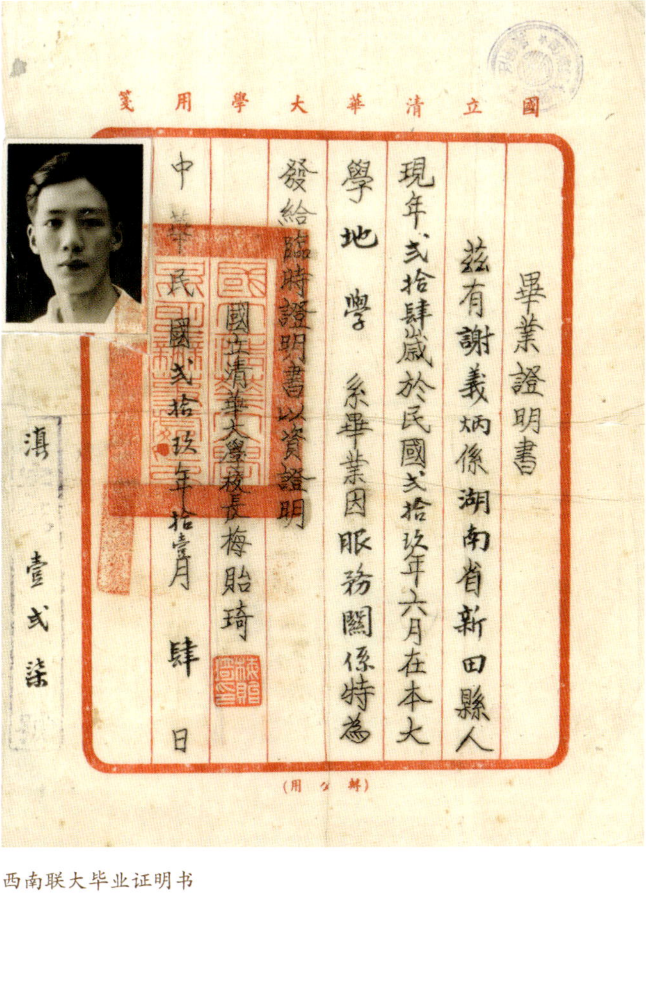

國立清華大學用箋

畢業證明書

茲有謝義炳係湖南省新田縣人
現年貳拾肆歲於民國貳拾玖年六月在本大
學地學系畢業因服務關係特為
發給臨時證明書以資證明

國立清華大學校長梅貽琦

中華民國貳拾玖年拾壹月肆日

滇 壹貳柒

（郵 公 用）

西南联大毕业证明书

1940 年谢义炳从西南联大毕业后，在 1941 年赴贵州省气象所任气象观测员。

1989 年 11 月重访位于贵阳新华街雷祖庙原贵州观测所旧址，与老观测员赵恕合影

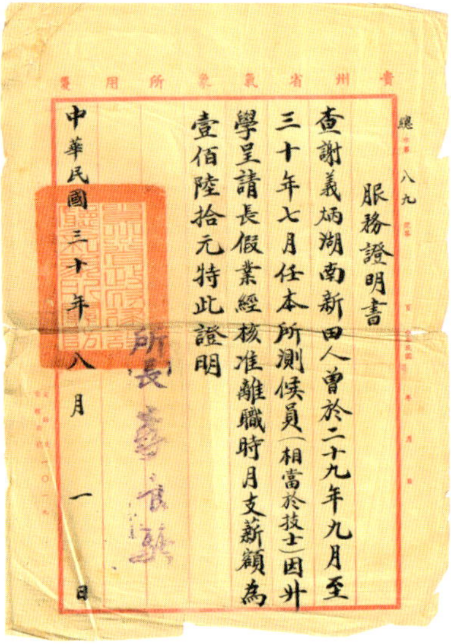

貴州省氣象所用箋

總 八九 號

服務證明書

查謝義炳湖南新田人曾於二十九年九月至三十年七月任本所測候員（相當於技士）因升學呈請長假業經核准離職時月支薪額為壹佰陸拾元特此證明

所長 李良騏

中華民國三十年八月一日

由时任贵州省气象所所长李良骐开具的气象观测员证明书

1942—1943 年谢义炳就读浙江大学硕士研究生，导师为涂长望，其研究论文《清代水旱灾害之周期研究》发表在《贵州的气象》上。

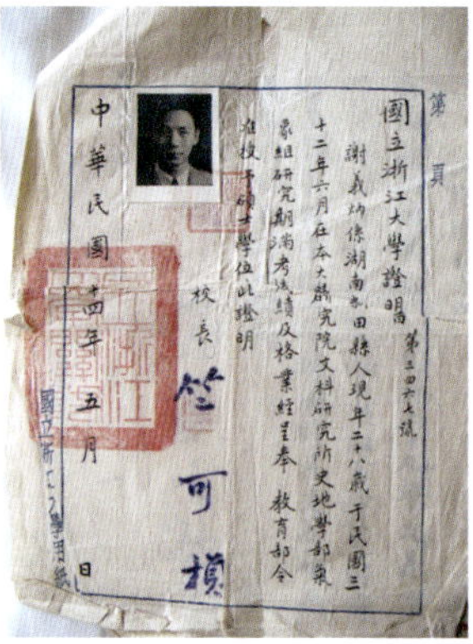

國立浙江大學證明 第三四六七號

謝義炳係湖南新田縣人現年二十八歲于民國三十二年六月在本大學研究院文科研究所史地學部氣象組研究期滿考試及格業經呈奉 教育部令准授予碩士學位此證明

校長 竺可楨

中華民國卅四年五月 日

竺可桢校长签发的硕士证书

竺可桢校长

涂长望教授

1943 年在贵州遵义

1945 年赴美前在重庆沙坪坝

浙江大学时期照片

1944—1945 年谢义炳任中央气象局技士。1945 年考取美国战时提供的科技人员培训计划，公费派遣赴美学习，先在芝加哥大学学习，后在美国气象局中期预报科实习。

1946 年培训计划期满后，第二次世界大战已经结束。经系主任罗斯贝帮助获得芝加哥大学奖学金，谢义炳留校攻读博士学位。

1946 年 6 月在华盛顿实习期间照片上自题“Hope and troubles”

1946 年 12 月在芝加哥 Brent House 圣诞夜 右二为谢义炳

1946 年 11 月，在 South Band University of Notre Dam 看足球。自题词“翩翩年少”

自题："三十年华"

与中国同学在宿舍前

芝加哥校园

芝加哥伊利诺伊湖边

与同学在芝加哥校园合影

1947 年在芝加哥大学气象系的观测场

1950 年，谢义炳回国，任清华大学气象系副教授。1952 年高等学校院系调整时，谢义炳竭力主张把气象纳入物理系，得到著名物理学家叶企孙、周培源和褚圣麟的积极支持。学校决定将气象系并入北大物理系，任命谢义炳为北京大学物理系系主任助理，主持气象专业工作，升任教授。1956 年 10 月任命为物理系副系主任。

1952 年，时年 35 岁

1979 年赴日内瓦参加世界气象组织大会

1980年，谢义炳当选中国科学院地学部学部委员（院士），并受聘多项学术兼职。

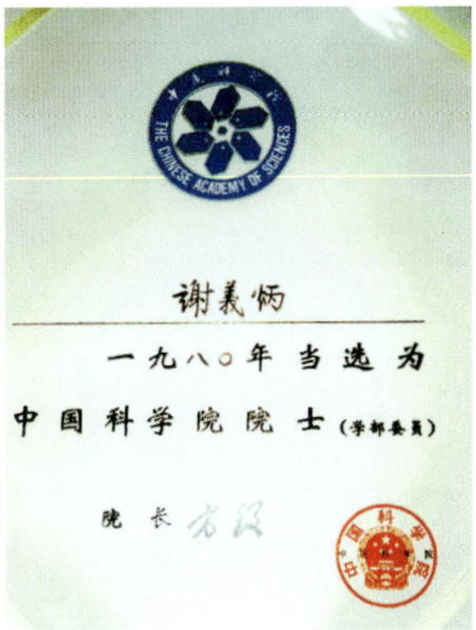

各项聘书

1989年出席大气所开放实验室5周年会议在签到（左三为李泽椿院士）

在会上致词

1989年9月国家自然科学基金地球科学部学科评审组第四次会议

1993 年在家中

1994 年春节中科院地学部宴请院士

1995 年 8 月 24 日谢义炳先生逝世。

1996 年逝世一周年纪念座谈会（中间为谢义炳夫人）

《中国气象报》
1996.9.12 第二版

缅怀谢义炳座谈会举行 奖励基金会同时成立

本报讯　在我国近代大气科学的奠基人之一谢义炳院士逝世一周年之际，8月26日上午，北京大学地球物理系在校举行了缅怀谢义炳先生座谈会。

参加座谈会的有中国气象局、国家气候中心、中国科学院大气物理研究所、中国科学院地理研究所、国家海洋局、中国农业科学院、中国人民解放军总参气象局和水利部等单位的代表，北京大学地球物理系的师生及谢先生的夫人李孝芳教授、女儿谢庄也参加了座谈会。在座谈会上，马鹤年副局长，赵柏林、黄荣辉、李泽椿院士，丁一汇、张镡、仇永炎、蒋尚城、陶祖钰、李宪让、江爱良教授等先后发了言。大家怀着崇敬的心情，缅怀了谢义炳院士强烈的爱国热情以及为发展我国大气科学及教育事业而忘我工作的精神。在座谈会上，李孝芳教授对大家缅怀谢义炳先生座谈会表示感谢，并介绍了谢义炳院士生前的一些鲜为人知的感人事迹。为了以实际行动缅怀谢义炳院士的优良品德，大家倡议出版谢义炳院士论文集。会议结束后，谢义炳奖励基金会正式成立。该基金会奖励愿意献身大气科学的本科生、研究生，还将扩大到奖励从事大气科学教学与研究的优秀青年工作者。李孝芳教授和谢庄高级工程师及国外一些关心谢义炳奖励基金会的人士，已向谢义炳奖励基金会捐赠了相当数量的启动资金。据了解，基金会将接收国内外友好团体、企事业单位和个人的捐赠。　（刘树华）

1996 年 9 月 12 日《中国气象报》相关报道

1997 年春节，1962 届毕业生看望谢义炳先生夫人

二、谢义炳的家人、亲人们

父亲谢厚藩（1887—1953)

谢厚藩是清朝末届举人，民国后被国家派往日本、英国留学。在外学习时看到他国工农业和科学发达，国家强盛；而我国落后，受到列强欺凌，从而启发和坚定了他教育救国的思想。回国后，谢厚藩先后在圣约翰大学、北洋大学、广西大学、桂林师范学院和湖南大学等校执教，为实现他的科学救国梦奋斗了一生。

“九一八事”变时，谢厚藩在北洋大学任教，日军占领沈阳后，他侥幸买到一张车票，在火车的洗手间和走道里站了三天三夜，靠途中买的一篮子梨充饥，才回到天津。事后他把东北地区被日军蹂躏的惨状告诉两个儿子，并说：“你们要努力啊！只有国家强盛，才不会被人欺负！”父亲的这段经历和这句话在谢义炳心中种下了强烈的爱国心和进取心。1935年父亲在赴广西大学教书途中，遇到长征路上的红军，其领导人是萧克将军。肖将军与父亲畅谈了大半夜，最后对父亲说，中国不仅现在非常需要知识分子，将来打倒日本后，建设新中国时更需要知识分子！你做得很好，回去继续教你的书，为国家培养更多的人才！从那时起，父亲就坚信共产党里有能人，将来要成事的！ 1938年他鼓励儿媳的妹妹李孝馥北上延安抗日，后来又鼓励多个学生踏上革命征程。

抗日战争期间（1942年)，谢厚藩回到家乡，教授“新田县中学教员讲习班”的“精神讲话”等课程，讲习班的学员结业时，学员纪念册上刊印着他的题词，“堂堂正正做人，清清白白做事，老老实实做学问”，以勉励学员。抗战胜利后，仍回桂林师范学院担任物理系系主任。

新中国成立前夕，谢厚藩因积极参与营救共产党学生而被学院开除。

1949 年在家乡迎来解放。11 月 21 日，冀东南下工作团到达新田县，谢厚藩走在欢迎队伍的前面，到县城南门外迎接工作团来新田建立人民政权。旋即接受湖南大学邀请，担任物理系系主任，积极筹建新物理系，还参加“三反”“五反”运动，并被选为人民陪审员；湖南省政治协商会议委员，于全省共商国是。1953 年在湖南大学病逝。

哥哥谢义伟（1905—1961）

哥哥谢义伟 1929 年毕业于南京中央大学政治系。1930 年任中大法学院政治系助教，抗战时期谢义伟肺病复发，携全家也回到新田。为了维持一家大小的生活，谢义伟身体略好后在新田县中教书，后到县东南郊南七乡当校长。

抗战胜利后谢义伟任湖南大学政治系教授、湖南大学教务长等职务。新中国成立后，谢义伟历任湖南大学、武汉大学教授。1953 年 10 月曾以优秀教授的身份参加第二届赴朝慰问团，慰问中国人民志愿军和朝鲜人民军。

哥哥比谢义炳大 12 岁，非常关心他的学习情况。由于当时父亲工作地点经常变动，谢义炳没有正规上过小学。中学时期，父亲在上海工作，亲朋交往较多，父亲和哥哥担心上海的家庭环境会使他学习分心，哥哥大学毕业后坚持将他带到南京，就读中央大学实验中学（现南京师范大学附中）。哥哥是学文科的，知识面宽广，不仅对他进行数理的辅导，还传授给他社会科学的思维，使得他的学习成绩迅速提高。另外，为了摆脱家庭中的肺病根，还教他打网球、跑步等以增强体质，使他终身受益。

夫人李孝芳（1916—1999）

李孝芳祖籍河北省乐亭县，1935 年考入清华大学化学系，1936 年积极投身于“一二・九”学生运动，成为活跃的中坚分子。因为阻扰抓进步学生领袖（蒋南翔等）的军警车辆通行，而被政府勒令开除。校方为了保护他们，将他们转入其他的系，李孝芳转入了地学系，从而认识了谢义炳。1937 年“七七事变”后清华停课，谢义炳带着她和她的妹妹回到广西大学（当时在梧州）家中完婚。1940 年，李孝芳西南联大毕业，留校任助教；1942 年任中央地质调查所技士。

1947 年赴美国俄亥俄州康德大学学习，1948 年获土壤地理硕士学位，1949—1950 年在芝加哥大学攻读博士学位。

1950 年夫妇二人回国。李孝芳先后在清华大学、北京大学地质地理系任教，1974 年在北大退休。1975 年 1 月到中科院自然资源综合考察委员会情报室义务工作三年，1978 年初在中科院复职，1980 年晋升为研究员。

李孝芳曾任九三学社中央委员；第六、第七届全国政协委员等职务。

谢义炳先生与夫人李孝芳相濡以沫数十年，在“文革”中受到剧烈冲击，在最困难的时期互相鼓励坚持下来。谢义炳先生夫妇以清华校训“自强不息，厚德载物”作为做人的宗旨，他们教育孩子们要以“自强不息”的精神做好本职工作。

谢义炳先生辞世后，李孝芳深知谢义炳最爱学生，他的钱是留给那些家庭困难而有志向的学生的。因此她倡议并参与筹建了北京大学“谢义炳基金”。

1938 年女儿谢庄降生，当时正值抗日战争初期，谢、李为继续学习，

1947 年 9 月 1 日抗战胜利后全家离开新田前合影
前排从右至左：女儿谢庄，父亲，侄儿谢高振，侄女谢嘉陵
后排：哥哥谢义伟，嫂嫂刘华玉，继母陈澹如

1951 年哥哥在京进修，与哥哥在颐和园

奔赴西南联大，后又赴美深造，女儿就只能托付父亲和哥哥一家照看。1950 年 9 月回国后，谢义炳立即奔赴长沙看望父亲一家，并接女儿回京。他没有想到的是女儿认生，藏起来不见他，也不愿跟他回北京。

女儿随父母回京后，顺利完成中学、大学学业，由北京大学气象专业毕业后，就职于北京市气象局，任正研级高级工程师。女婿齐文虎毕业于北京大学，就职于中国科学院地理科学和资源研究所，任研究员。齐、谢有两个女儿，均接受了良好教育，都获得了硕士学位，在各自的岗位上努力工作。

1960 年全家福

1984 年与女儿和两个外孙女

1983 年全家福

1987 年在庆祝谢义炳从事气象工作 50 周年纪念会议后

三、谢义炳的故乡情怀

1984 年受故乡湖南省新田县委县政府邀请，谢义炳回乡参加“振兴新田经济商谈会”。在会上他对新田经济发展恢宏直言，充分表露出他热爱家乡、关注家乡建设的一片赤诚。会议期间，还在县委书记的陪同下，到新田一中讲学。

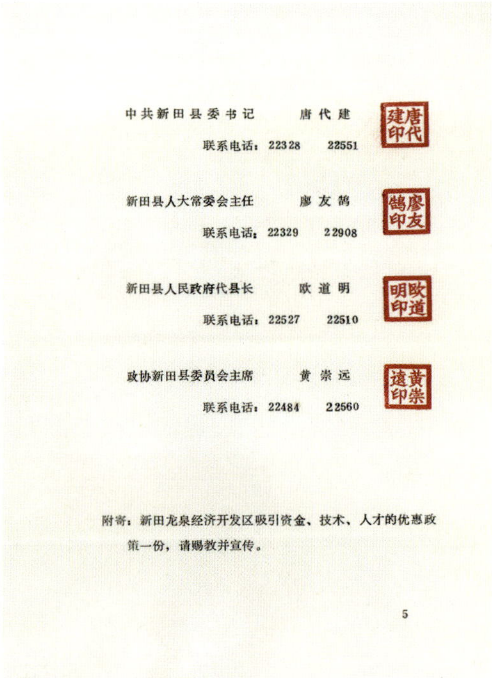

中共新田县委书记　　唐代建　　[建唐印代]
联系电话：22328　22551

新田县人大常委会主任　　廖友鹄　　[鹄廖印友]
联系电话：22329　22908

新田县人民政府代县长　　欧道明　　[明欧印道]
联系电话：22527　22510

政协新田县委员会主席　　黄崇远　　[遠黄印崇]
联系电话：22484　22560

附寄：新田龙泉经济开发区吸引资金、技术、人才的优惠政策一份，请赐教并宣传。

5

家乡的邀请函件

在座谈会上

参观种植业

与堂弟谢义逊一家

回到北京半个月后，给其堂弟谢义逊写了一封信，关心家乡建设、给家乡发展出谋划策。录之全文如下：

义逊弟：

离开新田已近半月了，回京后马不停蹄、东奔西走，从国际会议到学校内的会议，不一而足。我真不知道我是干什么了！

郴州上车后，十分钟内，车长就给我安排了卧铺，是上铺，我正好大睡二三小时。你们很累吧？

新田油质岩事，湖南省地质局实验中心的周大光同志曾答应分析，不知有下文否？桂阳东部、郴州全境都是遍山森林，新田却是光秃秃的。燃料的重要性大家都清楚，这事要解决。

新田不可能无煤，但深层煤矿开发要七年，湖南省排不上队。如何办？据李孝芳说[1]，种薪炭林是解决的途径，三年就解决问题。但要发动群众承包，要有政策，否则办不成。这是北方缺煤地方的经验。

种橘子的事，在武汉听到一个华中农学院的老教授说，近几年我国由年产 40 万吨增大到 130 余万吨。三峡、四川等地都将大力发展（美国年产 1300 万吨）。但要选种。香港市价好的甜橙 500 美元一吨，差的川橘 80 元一吨。

新田的橘子味道不错，但似不如郴州的大。扩大生产时要注意，将来是竞争时代。

李孝芳还出了个好主意，竹笋！东南亚、日本等最需要笋了，而新田的笋是很好的。增产容易，但还有个罐头加工的问题。竹编技术想办法找四川、广东的名师去学习。李孝芳认为仅竹笋这一项就会把新田振兴起来。要走在别人前面！对不对？请县里考虑。

生姜全国都是缺门货。总之，新田是一个自然条件非常优异的地区，农、林业大有前途。但要从“田”里解放出来，注意“土”，即丘陵地。新田 1200 毫米以上的降水量，善于利用，比起北方来好多了！瑞士不就是山地和丘陵地吗？桐油国际市场奇缺！新田山地为何不种桐呢？

栗子分送一些人尝了，大家认为很好。打了一口井，就已经有了成绩。这不是示范吗。

烟也分送给不少同志品尝，一致认为不错，但也一致认为包装签画设计太差。签画的设计，由于审美观点不同，各有所好。但作为商品，却要以主顾的爱好为转移，来不得一点儿主观主义！

[1] 20 世纪 80 年代初，湖南省政府曾邀请科学院调查湖南南部山区的自然资源状况，夫人李孝芳作为考察队成员到过新田，了解新田县的情况。

新田之行，感触很多，承蒙县领导和你全家多方照顾，当铭记不忘。你们同县里送了不少东西，又不便推辞。电报打错了时间，火车上午到，电报说的是下午到（我的错），可使我下车回家的途中好好地奋斗了一番！

最近县委书记来北京，郑惠民同志给我打过电话，我正好在城里开会，没有碰头，真遗憾！

义炳 1984.11.2

2017 年 6 月，谢高和（远房侄子）代表亲友在谢义炳诞辰 100 周年纪念会上发言

四、谢义炳诞辰 100 周年纪念活动报道与发言

《中国气象报》关于纪念谢义炳先生诞辰 100 周年的报道

《中国气象报》2017 年 5 月 25 日人物版

中国工程院院士丁一汇：谢义炳先生的学术成就及影响

谢义炳先生不但在教育方面成就很大，而且在气象科学研究方面的成就也十分突出，影响显著。他不但影响了同时代人的气象科学研究，也影响了以后相当长时期的气象科学研究方向与学术活动。

谢先生的研究活动极富特点：富有创造性。他于 1950 年回国后，一心要创立东亚学派，使中国的气象研究立于世界民族之林，并为此做出终生不懈的努力。他从不迷信国外权威，坚持走自己的路，拿出中国自己的东西来，解决中国自己的问题。

谢先生的科研领域十分广泛。他坚持以影响我国最大的灾害性天气、气候为主题，包括冷涡、切变线，东亚急流与锋区，暴雨，台风，东亚季风，大气环流等。同时，他在理论上也有重要贡献，包括正压、斜压不稳定、大气环流的指数循环与振动、湿空气动力学等。

我们现在纪念他，不仅仅是回顾他的具体成就，更重要的是发扬他在科学研究中善于发现和探索新现象、新事实，并依此建立新理论的理论联系实际的科研精神。

我个人理解，他在五个方面取得了对后人有重要影响的创新性成果：

（一）他揭示了中国的暖锋不显著的原因，并指出，中国的暖锋主要

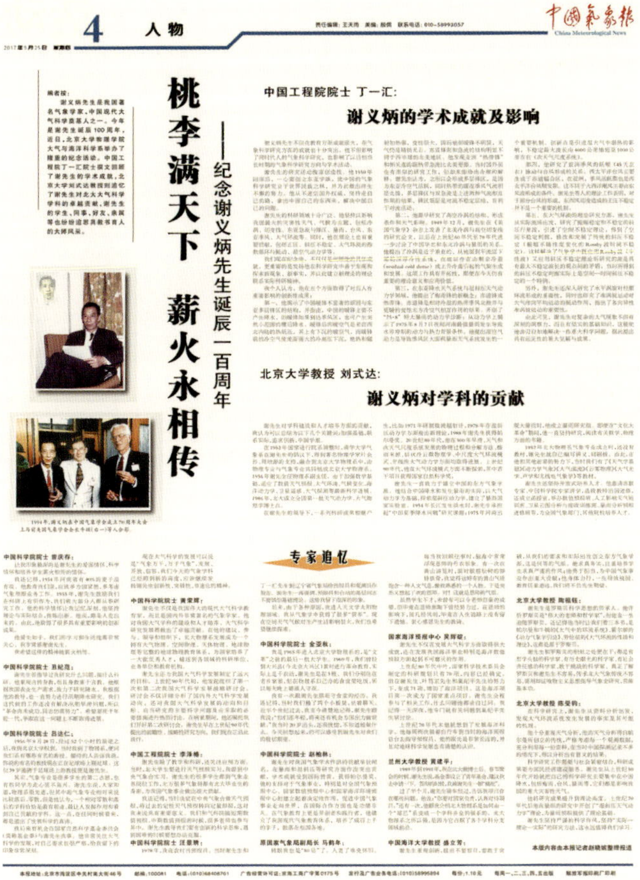

4 人物

中国气象报

编者按：

谢义炳先生是我国著名气象学家、中国现代大气科学奠基人之一。今年是谢先生诞辰100周年，近日，北京大学物理学院大气与海洋科学系举办了隆重的纪念活动。中国工程院丁一汇院士撰文回顾了谢先生的学术成就，北京大学刘式达教授则追忆了谢先生对北大大气科学学科的卓越贡献，谢先生的学生、同事、好友、亲属等也纷纷追思其教书育人的大师风采。

桃李满天下 薪火永相传

——纪念谢义炳先生诞辰一百周年

中国工程院院士 丁一汇：

谢义炳的学术成就及影响

北京大学教授 刘式达：

谢义炳对学科的贡献

专家追忆

《中国气象报》的报道

不产生降水，但暖锋如果到达季风区，也可产生突然小范围的槽后降水。暖锋后的暖空气是来自西北内陆的热低压，其上有下沉的暖空气，而暖锋前的冷空气使地面强大的冷高压下沉，绝热和辐射加热强，变性很大，因而地面暖锋不明显，天气是碧空万里，晴朗无云。

东亚锋面和急流的结构明显不同于西半球的北美地区。他发现“热带锋”和相关联的副热带急流，且极锋急流比北美更强。国外虽也有类似工作，但无解释。所以会形成多层锋区，是由东亚冷空气活跃，同时热带的暖湿季风气流明显并北推，多层锋区与双急流是上述两种气流相互作用的结果。锋区低层是对流不稳定层结，有利于对流活动。

（二）他最早研究了高空冷涡的结构、形成条件和天气影响。1949年12月，谢先生在《美国气象学》杂志上发表了北美冷涡（与高空切变线）的研究，以后在20世纪60年代至70年代讨论了中国华北和东北冷涡与暴雨的关系。他提出了冷涡是近于垂直的从地面到了平流层下部的深厚冷性系统。在底层存在由剩余冷盖（residual cold dome）或上升冷盖引起的气旋生成和发展。这不同于经典的气旋是生成于锋面的波动理论。

（三）在东亚降水天气系统与湿斜压天气动力学领域，他提出了梅雨锋的新概念：赤道锋或热带锋。赤道锋是相对冷湿的热带季风北推并与更暖的变性北方冷空气相互作用的结果。开创了“七五·八”特大暴雨的动力学诊断：从动力学上揭示了1975年8月7日夜间最强暴雨发生，导致水库垮坝的动力与热力背景条件。他提出湿空气动力学——导致季风区大面积暴雨天气系统发生的一个重要机制。创新点是引进湿大气中潜热的影响后，不稳定最大波长由4000公里缩短至1000公里左右（次天气尺度系统）。

（四）他研究了亚洲季风的低频脉动与台风形成的关系。西太平洋台风主要生成于赤道辐合区中，在亚洲季风活跃期是西太平洋台风频发区。这不同于大西洋飓风主要由东风波形成的条件。谢先生等人的理论工作表明，对于部分台风的形成，东西风切变造成的正压不稳定不是一个不重要的机制。

（五）在大气环流的理论研究方面，谢先生从实际流场出发，研究了振幅稳定和不稳定的斜压行星波，引进了空间不稳定，得到了空间不稳定判据，修改和发展了传统的斜压不稳定（振幅不随纬度变化的Rossby波时间不稳定）。这样，解决了气象学中既应用Rossby波（中性波）又应用斜压不稳定理论所研究的波是具有最大不稳定波长的观点间的矛盾。

另外，谢先生还深入研究了水平涡旋对经圈环流形成的重要性，同时也研究了准涡旋运动对大气纬向平均运动的振动作用，指出了各向异性准涡旋运动的重要性。

由此可见，谢先生对复杂的大气现象不但有深刻的洞察力，而且有坚实的基础知识，这能使他游刃自如地解决一些气象中的重大科学问题，据此提出具有远见性的重大见解与成果。

北京大学教授刘式达：谢义炳先生对学科的贡献

谢义炳先生对学科建设和人才培养方面的贡献，我总结为以下几个关键词：加强基础，联系实际；追求创新，中国学派。

在1952年国家进行院系调整时，清华大学气象系在谢义炳教授的倡议下，得到著名物理学家叶企孙、周培源的支持，融合到北京大学物理系，物理专业、气象专业共同组成北京大学物理系，1956年谢义炳教授任物理系副系主任。由于加强数理基础，适应了数值天气预报、大气环境、气候变化、海洋动力学、卫星遥感、大气探测等最新科学进展。1986年，北大成立全国第一批“天气动力学”“大气物理学”博士点。

在谢义炳的领导下，取得了一系列科研成果，比如1971年研制微波辐射计，1978年在湿斜压动力学方面提出新理论，1988年谢义炳获得帕尔曼奖。20世纪80年代，他在500年旱涝、天气和次天气尺度系统发展的物理过程和分解方法、酸雨来源、层状冷云微物理学、中尺度大气环流模式、非线性大气动力学方面均取得进展。90年代，他在大气环境模式方面不断探索，其中若干项获得国家自然科学奖。

谢义炳一直致力于建立中国的东方气象学派。他结合中国降水和发生暴雨的实际，以大气动力学为基础，探索湿斜压动力学，建立了暴雨国家实验室。1954年长江发生洪水时，谢义炳承担起“中国夏季降水问题”的研究课题；1975年河南出现大暴雨时，他成立暴雨研究组。即使在“文化大革命”期间，他一直坚持研究，阅读数学、物理的有关书籍。

1952年北大物理系气象专业成立时，还没有教材，谢义炳就自己编写讲义、刻钢板。由此，在他和其他前辈的努力下，当时我们有了《天气学基础》《动力学气象》《大气湍流》《云雾物理》《大气光学、声学和无线电气象学》等教材。

谢义炳还坚持开放式培养人才。他邀请苏联专家、（中国）科学院专家讲学，选拔教师出国进修，还成立函授室，举办数值预报班、人工影响天气短训班、卫星云图分析与接收训练班、暴雨分析预报进修班等，为其他院校、台站培养人才。

纪念会上多位院士专家回忆谢先生的发言

中国科学院院士曾庆存：

谢义炳先生让我印象最深的是爱国情怀、科学情怀和培养学生薪火相传的情怀。

我还记得，1954年河南有40%的麦子没有收，他教育我们说，应该多为国家想。1955年，谢先生鼓励我们在科研上有所作为，我们班大部分人都搞研究工作。他的科学情怀让我记忆深刻，他坚持理论与实际结合，推陈出新。他说，路是人走出来的。由此，取得了很多具有重要影响的创新成果。

他爱生如子。我能够成长，包括在生活上，他都非常关心。现在我非常感激谢先生。

我也希望，同样的精神继续薪火相传。

中国科学院院士丑纪范：

谢义炳先生的教诲指导我研究什么问题、科研搞什么。谢先生重视言传身教，而且身教重于言教。谢先生根据我国农业生产需求，致力于研究降水。我根据他的教导，也一直努力进行汛期降水研究。我们这代做的工作还没有解决汛期旱涝问题，所以革命尚未成功，同志仍需努力。希望寄托于年轻一代，争取在这一问题上不断取得进展。

中国科学院院士吕达仁：

1956年8月28日，经过52个小时的旅途之后，我到北京大学报到。当时，我到了物理系，便问我们系有哪些有名的教授。接待的人告诉我说，你说的有名的教授现在正在足球场上踢足球。这位39岁驰骋于足球场的教授便是谢义炳先生。

1957年，很多进入物理系气象专业的学生其实是第二志愿，也有些同学心里不高兴。谢先生说，大家知道，物理系很先进，气象专业相对来说比较落后、零散，但是我认为，一个相对零散和落后的学科恰恰是最有前途、让你发挥作用和看到自己贡献的学科。这一点，在任何时候看，都是抓住了发展科学的真谛。

我后来有机会在（国家自然科学）基金委与谢先生共事。他非常关注整个大气科学的发展，对自己要求也很严格，让我印象非常深刻。

现在大气科学发展可以说是“气象万千,万千气象”，发展、开放、包容，我们今天的学科已经跨到新的高度，应该继续发扬谢先生的创新性、突破性、非迷信的精神。

中国科学院院士黄荣辉：

谢义炳先生不仅是我国伟大的现代大气科学教育家，而且也是国内外非常著名的气象学家。他对我国大气学科的建设和人才培养、大气科学研究发展做出了卓越贡献。在他建议、参与、领导和组织下，物理系气象专业发展成为一个拥有大气物理、空间物理、天体物理、行星物理等（方向）完整的地球和行星物理教育体系，为国家培养了一大批优秀人才，输送到各领域的科研单位、业务单位和教育机构。

谢先生还对我国大气科学发展有远大的目标。20 世纪 90 年代初，他发起组织了第一次和第二次我国大气科学发展战略研讨会。研讨会不仅详细分析了国内外大气科学发展动向，而且对我国大气科学发展的动向和目标、应当研究的主要科学问题及应采取的必要措施做了热烈讨论。在病重期间，还嘱托我们开好第二次研讨会。谢先生早在 90 年代提出的前瞻性、战略性研究方向，我们现在正沿此前行。

我们要学习谢先生求实创新、坚持真理的科学精神，瞄准科技前沿，结合实际。

中国工程院院士李泽椿：

谢义炳先生除了教学和科研，还关注面向应用方面。当时，北大学生要进行天气预报实习，我就曾到中央气象台实习。谢先生的很多学生都到气象岗位工作，北方很多气象局都有北大毕业生的身影，为我国气象事业做出很大贡献。我还记得，当时决定在中央气象台做天气预报，将过去的定性天气预报转向定量预报，具有重要意义。我们工作的时候，和气科院搞短期数值预报，搞中期数值预报的时候，很多老师也参与其中。他教导我们要有创新的科学思维，遇到任何困难的时候，都要想办法克服。

国家海洋预报中心吴辉碇：

谢义炳先生不仅在发展大气科学方面取得很大成就，还在发展我国海洋事业特别是海洋数值预报方面起到不可磨灭的作用。20 世纪 80 年代中叶，科委制定科研规划，只有 70 项，内容已经确定。但在谢先生、叶笃正先生和巢纪平先生的努力下，变成 71 项，增加了海洋项目。这是海洋第一次上国家重点项目。谢先生全程参与了相关工作，如果有什么问题，他都亲自过问。我记得有一天深夜，他专门就有关问题到巢纪平先生家讨论。

20 世纪 70 年代末，他就想到了海洋科学发展。他当时每周两次骑着自行车到当时的海洋预报总台去指导预报员。可以说，他的眼光是非常长远的，并且对地球科学发展也有清楚的认识，希望将海洋科学纳入其中。

中国科学院院士汪景琇：

1978 年，我在农村当气象员。当时谢义炳先生和丁一汇先生到辽宁省气象局给气象台站的气象员和观测员作报告。谢先生一再强调，预报员和台站的基层同志不要惧怕基础理论，给我留下很深的印象。

后来，由于各种原因，我进入天文学太阳物理领域。我自己也从气象学（中）得到营养。现在，空间天气气候对生产生活影响很大，我们也希望继续探索。

中国科学院院士金亚秋：

我是 1965 年进入北京大学物理系，是“文革”之前的最后一批大学生。1969 年，我们曾经到大兴县黄村进行教育革命，实际上是干农活。谢义炳先生在三班。我们分别住在老乡家里，但在物理系自己办的食堂里吃饭，所以每天晚上要派人守夜。我当时有了一次跟谢先生搭班守食堂的经历。我还记得当时搬了两把小板凳聊天。近半个世纪过去了，我至今非常清楚地记得，谢先生跟我说，你们还年轻，将来还有机会为国出力做贡献。我当时 20 出头，还很恍惚，不知道能做什么。到今天回想起来，可以感觉出谢先生对我们的殷殷期望。现在想起来，仍然很感动。

谢先生这一代人坚持科学探索和科学报国。我想，无论中国遭遇挫折还是取得成功，无论贫穷还是开始富裕起来，这些精神是会一代代传承下来的。

兰州大学教授黄建平：

1989 年到 1991 年，我在北大做博士后。1990 年三教春节聚会的时候，谢义炳先生说，基金委设立了青年基金，我应该去申请一下。我写了个本子，答辩的时候，被谢先生一顿痛批。过了半个月，谢先生骑车经过，特意跟我说当时我的项目有哪些问题。他说，你要对国家负责，要认真对待项目。

还有一次，他给我介绍北大物理系是如何由一个“尾巴”系建成一个学科齐全的北大强系的，非常重要的一点在于，北大物理系占据了各个学科分支领域前沿。2004 年，我回到兰州大学组建大气科学学院，便学习了这种思路，截至目前，已有 36 人以各种形式赴美国和日本等一流大学或研究所联合培养（2 年或 2 年以上），有效提高了我院的学术创新水平。

中国海洋大学教授盛立芳：

谢义炳先生致力于创新，提出不要盲目，要敢于突破，从我们的要求和实际出发创立东方气象学派，这是何等的气派。谢先生务实求真，注重培养学生求真严谨的作风。他勇于担当，为中国气象事业做出重大贡献。谢先生身体力行，一生报效祖国。教育任重道远，我们将不负先生期望。

北京大学教授陶祖钰：

谢义炳先生是罗斯贝的传承。他评价罗斯贝是伟大的老师和哲学家，而他也一生追随罗斯贝。还记得他当时让我们看三本书，是帕尔门[1]与牛

[1]《大气环流系统》中译本于 1978 年由科学出版社出版，书上将帕尔曼译作帕尔门。

顿的《大气环流系统》、霍尔顿的《动力气象学引论》、洛伦茨的《大气环流的性质和理论》，这都是源于罗斯贝。谢先生和罗斯贝的相似之处便在于，是有哲学头脑的科学家、有历史眼光的科学家、有社会责任感的科学家、敢于挑战的科学家。真正了解罗斯贝和谢先生不容易，传承北大气象传统不容易，要用辩证唯物主义指导气象史研究，苦练基本功。

北京大学教授陈受钧：

谢义炳先生在科学研究上，从资料分析出发，发现大气环流系统发生发展的事实及其可能的机理。他十分重视天气学分析，他的天气分析，得自帕尔曼所创立的传统，严格考虑每一个观测资料，充分利用每一个资料，在当时中国探测记录不多的情况下，分析出有意义的结果。

科学研究工作与社会需要紧密结合，科研成果为国民经济建设服务。谢义炳从 20 世纪 50 年代开始就把自己的科学研究主要集中在中国降水问题研究上，包括梅雨、台风、暴雨等，它们都是影响我国的重大灾害性天气。

他将研究成果提升到理论高度。70 年代后他在暴雨的研究中开创了“湿斜压天气动力学”，为暴雨预报提供理论基础。

谢义炳坚持严谨的科学作风，“实际－理论－实际”的研究方法，永远值得我们学习。

中国科学院院士赵柏林：

谢义炳先生回国四十五年，他对我国气象学术的贡献举世闻名，在暴雨和湿斜压等研究方面做出突出贡献，学术成就受到国际赞赏，得到国际帕尔曼奖。他支持的气象事业，特别是（对）全国气象预报中心的建立，国家数值预报中心的建立和国家海洋环境预报中心的建立，起着决定性作用。这都促进了中国气象事业走向世界，在建立国际合作方面也是功绩非凡。在气象教育上，谢先生更是开创者和践行者，建立了我国现代气象教育体系，培养了数百成千的学子散落在祖国各地，继续发扬他的事业。

原国家气象局副局长马鹤年:

转眼我也是“80 后”了。人老了难免怀旧。每当我回顾往事时，脑海往往浮现出恩师的布衣形象。有一次在黄山游览时，面对眼前松骨云魂的奇观，觉得这特有的黄山气质包含一种人文气质，像我熟悉的一个人物。于是突然就又想起了我的恩师。对！这就恩师的气质！

虽然学生不才，未曾有可以令老师自豪的成果，但毕竟在恩师熏陶下曾经努力过；在恩师松骨云魂气质影响下，虽几经风雨，毕竟在人生道路上没有留下内疚。衷心感恩先生教书育人！

会后，与会者合影留念

后　记

《江河万古流：谢义炳院士纪念文集（二）》是我们在筹备2017年北京大学大气与海洋科学系纪念谢义炳先生百年诞辰活动时，翻看谢先生的两个工作笔记本，读到其中的诗作与手迹，与谢先生在一起时的画面又出现在眼前，我们四人产生了要将两个笔记本中先生写的诗作、笔记、剪报等整理出来的强烈愿望。我们四人均是北大气象专业1956级学生，谢庄是谢先生的女儿，其余三人毕业后留校在谢先生身边工作了三十余年。我们都已是耄耋之年，谨将谢先生笔记本中的一部分内容，以及部分遗稿、信件、照片等资料奉献给大家，我们希望这本书的出版，能给如今的读者提供一个领略老一辈科学家风采的机会，展现他们爱国、奉献的崇高精神和创新、求实的学术思想，同时，这本书的出版，也是我们全体学生对谢义炳老师深挚的怀念。

本书的出版得到北京大学胡永云教授的大力支持。曾庆存院士与陈受钧老师对本书的编辑出版给了关键性的指导和建议，邓根云研究员等为我们做了很多释疑。陈振华、杨爽、刘美景同志做了很多文字录入、资料处理和联络方面的工作，为我们排解了很多困难，使我们四人的心愿得以实现。出版过程中还得到了李泽椿、丑纪范、吕达仁、丁一汇和金亚秋院士的鼓励和支持，在此谨表我们衷心的感谢。本书的出版也得到了北京大学出版社的大力支持，一并致谢。

需要说明的是，虽然看着谢先生的笔迹，我们都倍感亲切，但因时间已久，加之当时纸笔材料质量所限，有些字迹已经不易辨识。这次出版特将诗作、手稿和部分报道的内容进行了录入，便于阅读。录入时，在不产生歧义的原则下，尽量保持语言原貌，仅做必要的些许订正，宛如谢先生“音容”犹在。

陶祖钰、谢庄、秦瑜、毛节泰

2019年11月